沖縄初の外交官

田場盛義の生涯とその時代

この書を今は亡き伯父田場盛義・貞子夫妻、
父母の国吉真政・鶴、叔母英、弟真、息子の太郎と
田場に関心を寄せる全ての人々に捧げる。

国吉美恵子

田場盛義（1894 年 12 月 1 日－ 1937 年 7 月 29 日）

田場盛義・たばせいぎ

田場盛義（一八九四年―一九三七年）は、沖縄県浦添市当山の出身である。田場は一九二七年（大正六）、難関の国家試験を突破して外交官になる。その任地は、東京の外務省本省から中国の福州、香港、アモイ、吉林、漢口（武漢）、南京の領事館から上海商務官事務所、長春の「満州国外交部」、北京の通州特派員公署であった。

田場の外交官としての実績は、抜群の語学力と交渉力が認められ、上海では松岡洋右（後の外務大臣）の秘書役をつとめている。外交官生活の大半を中国で活躍しながら、終生沖縄を愛し、自らの学識と体験を沖縄のために役立てたいと念じていた。雅号も「耕南」（南を耕す）と称したのはそのためである。しかし、日本の中国侵略と植民地支配の国策の「不幸な時代」の中で田場の豊かな才能も十分に開花できず、一九三七年（昭和一二）、通州事件が勃発、志の半ばに四二歳の若さで短い生涯を閉じた。亡骸は、田場の業績「満州国葬」の後に那覇市に移されて「那覇市葬」が営まれた。

今、出身地の浦添市と当山自治会では、沖縄を背負い中国を生きた田場の生涯をよく知り、これからの沖縄と東アジアを生きる人材育成、地域振興と友好親善、学術文化交流、平和・共生につなげたいと、二〇一〇年三月に顕彰碑が出生地の当山小公園に建立された。

（又吉盛清）

顕彰碑文

沖縄初の外交官

田場盛義顕彰碑

（生誕の地当山）

田場盛義（一八九四年～一九三七年）は、浦添市当山で出生。沖縄初の外交官となり国際的にも活躍した沖縄の先駆者である。

田場の外交官としての資質は、絶えず語学の教科書と辞書を持ち歩き、また休日には、庭先の木に登り英単語に熱中した。そのため地元では、学ブラー（学問狂い）と呼んだ程である。

一九一五年、東京外国語学校（現東京外大）に入学、難関な外務書記生試験に合格する。任地は、外務省本省・中国福州・香港・アモイ・吉林・漢口・南京の領事館から退任後は、上海商務官事務所・旧満州国外交部・通州特派員公署であった。

上海では、松岡洋右（後の外務大臣）の秘書役を務め、その実力は高く評価された。郷土への想いも強く、雅号は沖縄振興を計る意味の「耕南」と称した。しかし不幸な日中戦争で志を半ばに四二歳の若さで生涯を閉じた。

葬祭は、田場の業績を称え「満州国葬」、「那覇市葬」が営まれた。

沖縄を担い中国を生きた田場の生涯は、先駆者として浦添・沖縄の近現代を代表する人物である。生誕の地に浦添市・各方面の拠金により顕彰碑を建立し、次世代と市民・区民の道標とする。（撰文　又吉盛清編著参照）

二〇一〇年三月吉日
当山自治会・田場盛義
顕彰碑建立期成委員会

中国の知人と田場盛義（右）

活字種：石碑＝賢澄文字　銘板＝彩桂楷書　石種：中国福建省産御影石

儀間光男浦添市長（左から３人目）、樽井澄夫外務省沖縄担当大使（同４人目）、姪の国吉美恵子（同５人目）ら関係者の列席で除幕式が開催された（2010.3.28）

除幕式で合唱する当山子ども会。田場の次世代へのメッセージとなる（2010.3.28）

日本領事館と田場の勤務地と勤務期間

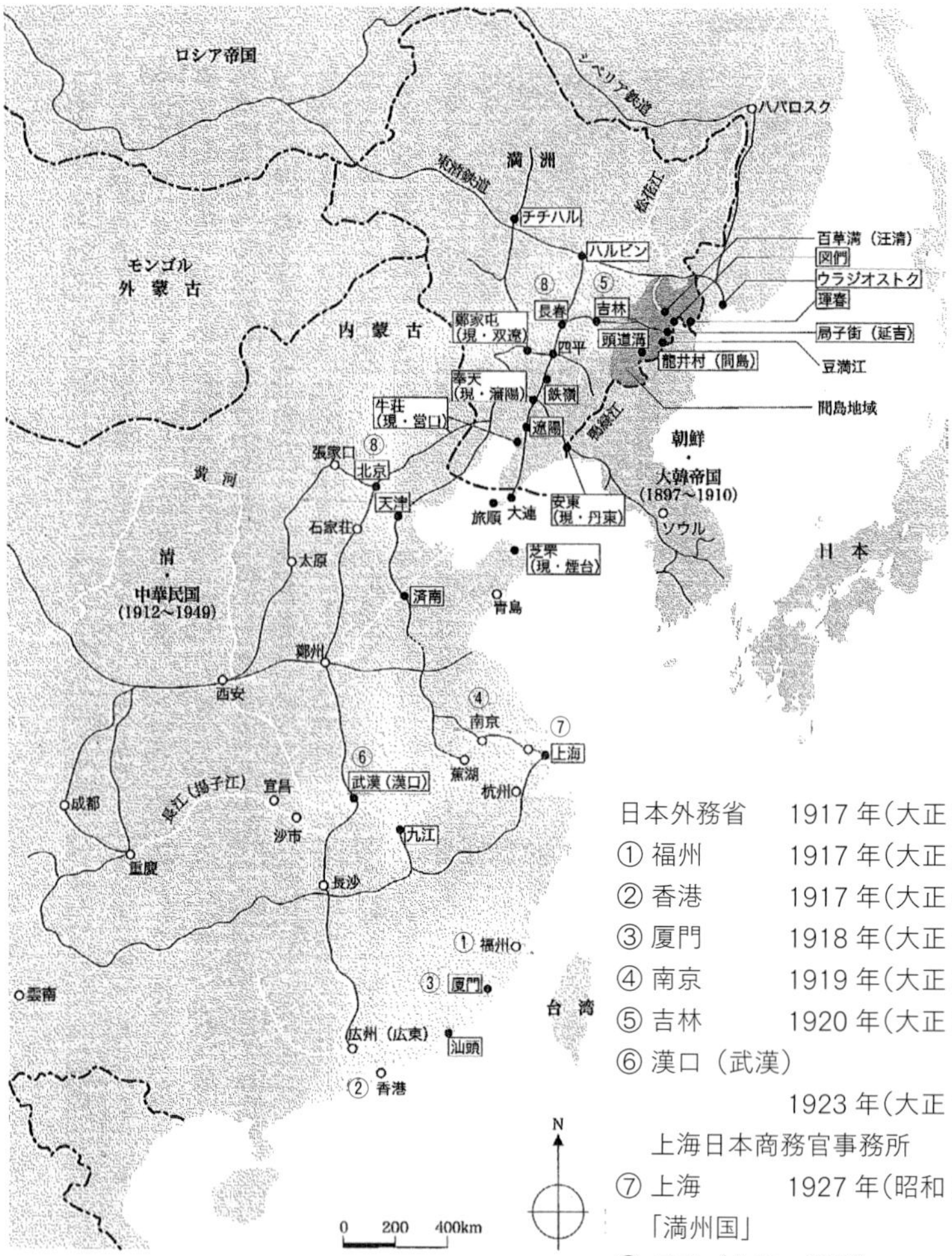

出典『大日本帝国の領事館建築』田中重光著、相良書房
田場勤務の数字と囲みは筆者が加える

日本外務省　1917 年(大正 6)7 月　入省
① 福州　1917 年(大正 6)7 月－8 月
② 香港　1917 年(大正 6)8 月－1918 年(大正 7)3 月
③ 厦門　1918 年(大正 7)4 月－1919 年(大正 8)10 月
④ 南京　1919 年(大正 8)11 月－1920 年(大正 9)6 月
⑤ 吉林　1920 年(大正 9)7 月－1923 年(大正 12)1 月
⑥ 漢口（武漢）
1923 年(大正 12)1 月－1925 年(大正14)2 月
上海日本商務官事務所
⑦ 上海　1927 年(昭和 2)－1933 年(昭和 8)
「満州国」
⑧ 長春（北京・通州）
1933 年(昭和 8)－1937 年(昭和 12)

日本外務省在外公館

日本の在外公館は、外務省の設置よりも早く、1867 年（慶応 3）以前に、サンフランシスコ、パリ、ニューヨークに開設された。

中国は、1871 年（明治 4）の日清修好条約の締結によって、牛荘（営口）、北京、厦門（アモイ）、芝罘（シーフ）（煙台）、上海、福州、香港、天津の八カ所に開設された。それは、日本が西欧列強と並んで中国、東アジアへの占領と、侵略戦争、植民地支配に向かう時代の始まりでもあった。

田場は、これらの在外公館のうち厦門、福州、香港に加え、南京、吉林、漢口と歴任し、上海では商務官事務所に入り、その後、「満州国外交部」の外交官に転じている。

「満州国」では、冀東防共自治政府に開設された通州特派員公署付弁事処副代表として赴任し、通州事件で死去している。

田場が任地にした香港、福州、厦門などの在外公館は、日本の台湾領有と合わせて早くから、中国と南方進出の領土拡大の拠点として位置付けられていた。

（又吉盛清）

田場が勤務した日本領事館の今昔

日本外務省本省（東京） 1917 年（大正 6）7 月入省
上：明治末年～ 1923 年（大正 12）使用
左：2003 年

租界地の倉前山（現倉山区）に建てられた福州日本総領事館
1917 年（大正 6）7 月－ 8 月在勤

香港島北岸のセントラル地区にあった
香港日本総領事館跡
1917年（大正6）8月－
1918年（大正7）3月在勤

左上：厦門総領事館跡　1918年（大正7）4月－1919年（大正8）10月在勤
上：コロンス島の厦門（アモイ）日本総領事館跡（2009年）

上：南京総領事館（1919 年）
左：今の南京総領事館跡の公的機関（2010 年）
1919 年（大正 8）11 月－ 1920 年（大正 9）6 月在勤

左：吉林総領事館前に立つ田場（1920 年）
下：吉林日本領事館跡に建築が進む現場（2009 年）
1920 年（大正 9）7 月－ 1923 年（大正 12）1 月在勤

上：漢口総領事館　1907 年（明治 40）建設
左：今の漢口日本領事館跡。ホテルとして利用されている
　　（2010 年）
1923 年（大正 12）1 月－ 1925 年（大正 14）2 月在勤

上：上海総領事館 1907 年（明治 40）建設
　　田場は、この領事館内の上海商務官事務所に
　　1927 年（昭和 2）－ 1933 年（昭和 8）在勤
右：現存する今の上海総領事館跡（2009 年）

上：満州国外交部（新京・長春） 1935 年（昭和 10）
左：外交部新庁舎跡（2010 年）
田場「満州国」勤務、長春・北京・通州
1933 年（昭和 8）－ 1937 年（昭和 12）

上：田場が勤務した通州特派員公署。田場、1937 年（昭和 12）
7 月 29 日、体内に十数発の銃弾を受けて死去（歿年 42 歳）
左：通州事件の現場公署跡に立つ編者の又吉盛清（2010 年）

東京外国語学校発祥の地の碑。1873 年（明治６）。
現東京都千代田区一ツ橋一丁目に創立（2013 年）

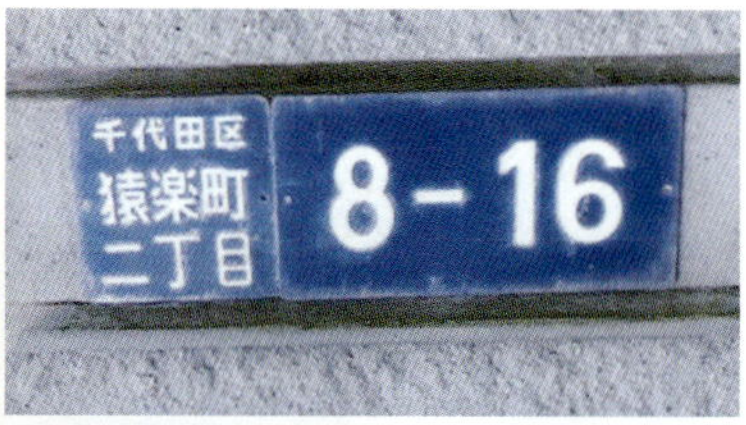

田場の下宿先になった東京都千代田区の猿楽町二丁目あたりに立つ姪の国吉美恵子（2013 年）

上海バンドに建つ田場盛義の論評を掲載した英字新聞社のノースチャイナ・デイリーニューズ＆ヘラルド社屋跡（現米国保険公司 AIA 。左から３軒目。2010 年）

通州事件前の通州城南門からの眺望（1937 年）

尊き犠牲を悼む

通州事件殉職者
けふ合同慰霊祭
滿洲國政府關係八氏を祀り
午後三時公會堂執行

殉職者の略歴

通州事件の現場で中国の関係者に取材する琉球放送（RBC）の吉山清晴記者と姪の国吉美恵子（1996 年）

新京日日新聞 1937 年（昭和 12）8 月 20 日
殉職者の写真左上が田場

昭和十二年八月十三日（金曜日）

長恨 未だ漂ふ通州の空

驛頭肅然涙下る

政府關係者遺族に迎へられ 哀しみの國都入り

外務局最初の犠牲

田場・藤澤兩氏の遺骨

附属地人口 （七月末）六萬五千七

獻金美談二つ

菓子代と煙草錢を節約獻金の 二少女と滿炭社員

本社受付

滿洲國赤十字社

設立 準備着々進む

創設準備委員會開か

大新京日報 1937 年（昭和 12）8 月 13 日

上海図書館徐家匯蔵書楼。田場資料の収集に協力した上海の大学生（2010 年）

田場自筆の掛軸（1935年）。田場は蝸牛角上の争いのように、小さいもの同士は争わないで団結しなければいけないと戒めた（耕南は田場の雅号）

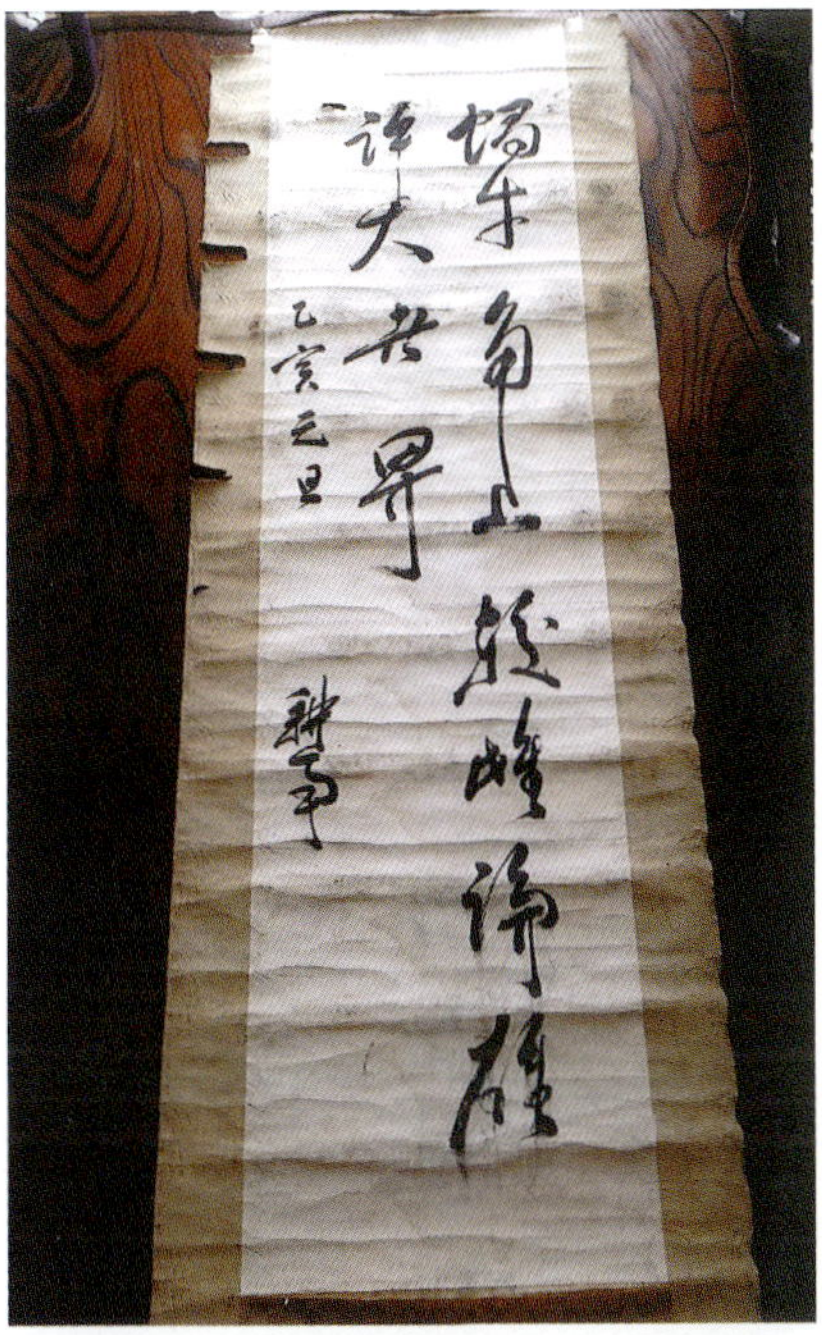

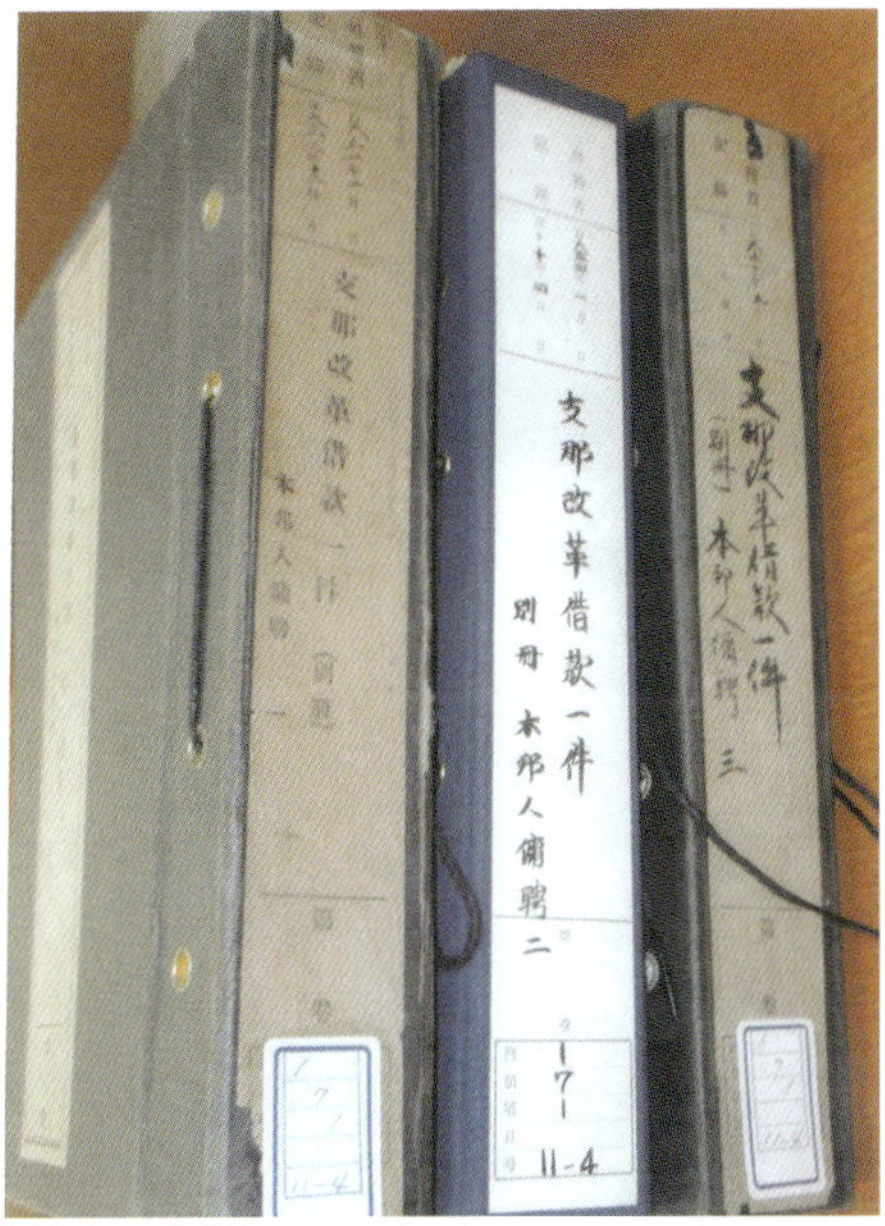

東京都港区麻布台の外務省外交資料館　文書課記録第一部に「田場盛義」の履歴書など関係資料が所蔵されている（2013年）

上海日本商務官事務所時代（1927～33年）の田場夫妻と実妹の国吉鶴（左から3人目）の子供たち（前列右から千鶴子、其枝、美恵子、真）、実妹の英と母堂のカメ

哀愁の聖歌、場に漲り
市葬盛儀を極む
會衆一千各地から弔電
田場事務官の

通州反亂で壯烈な殉職を遂げた滿洲國事務官田場盛義氏の那覇市葬はきのふ那覇尋高校々庭に於て盛大に開催された

參列者は故人の母堂カメさん、令兄盛徳氏、令妹秀子さんの遺族を初め縣から森ト總務部長、松浦警察部長、毘士兵事課長等各課長、生田司令官、照屋安高安首里市長、長野那覇市會議長、長嶺恩納村長、胡屋一中校長その他各官公衙團体代表者、市内學童代表、一般市民等一千余名、厳然たる場内に充つ、午後四時一同着席後、遺骨入場、島袋市庶務課長の開式の挨拶があつてのち順次左記式順により告別式を執行、しめやかな讃歌が場内に漲り、想ひ出も新たに遺族代表の謝辭を以つて午後五時半盛大な市葬を閉ぢた

△遺骨入場
△開式の挨拶
△讃歌（會衆一同）
△聖書朗讀（北村牧師）
△祈禱（北村牧師）
△式辭（那覇市長代理當間助役）
△弔辭（佐久原牧師）
△弔辭（知事代理森ト總務部長、長野那覇市會議長、長嶺恩納村長、胡屋一中校長、山本滿洲國領…その他）
△弔電（滿洲國外交部長官、東京…學校長、漢那代議士その他數十名）
△故人愛誦の讃歌合唱（野町牧…外合唱隊）
△祝辭（野原牧師）
△告別（森ト總務部長、當間助役、生田司令官、長嶺恩納村長、胡屋一中校長、長野那覇市會議長、…

田場の那覇市葬（琉球新報 1937 年 8 月 26 日）

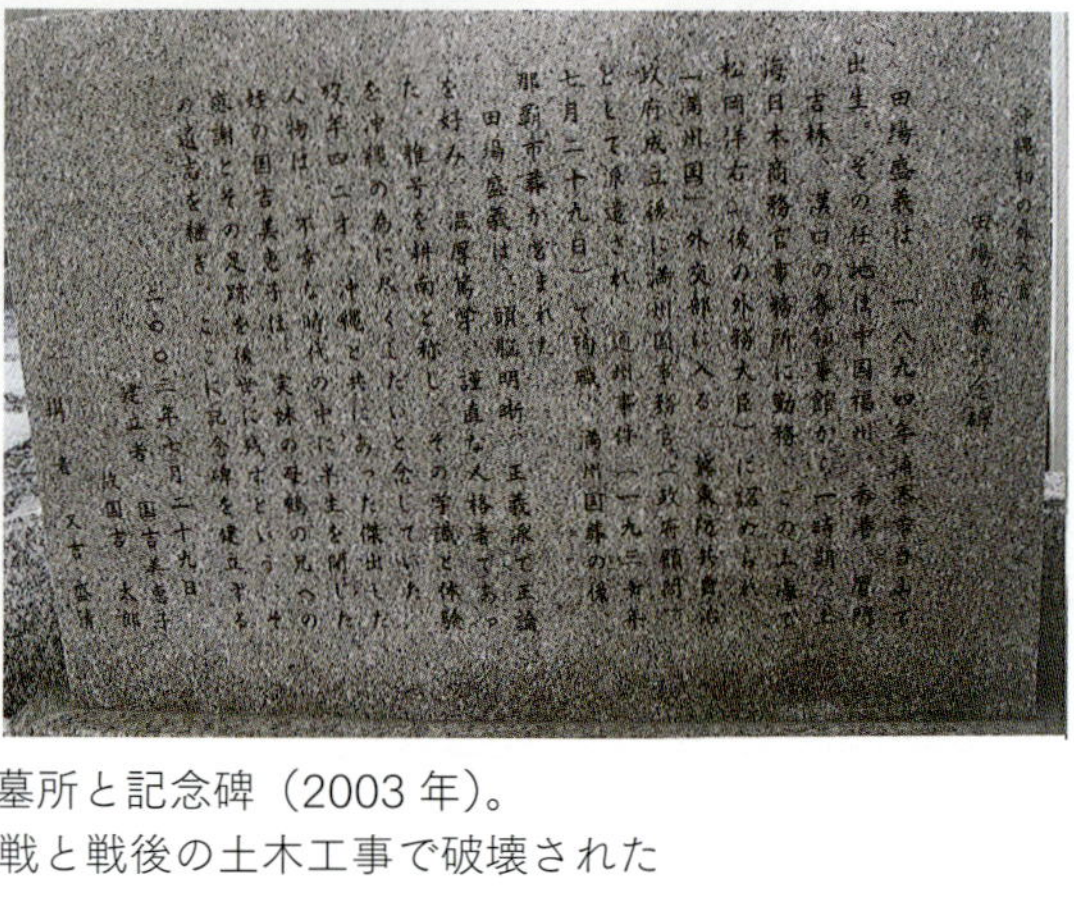

沖縄県与那原町洪済寺に新建造された田場の墓所と記念碑（2003 年）。
右上は那覇市天久の旧墓所（1938 年）。沖縄戦と戦後の土木工事で破壊された

『沖縄初の外交官　田場盛義の生涯とその時代』目次

第3章　田場が発表した論文集

第4章　新聞報道に見る通州事件と田場の死去

第5章　田場と共に激動の時代を生きて

第6章　伯父との思い出、家族のきずな

第7章　沖縄と東アジアの歴史・文化・平和的な共生を目指して、次世代へのメッセージ

第1章　『沖縄初の外交官　田場盛義の生涯とその時代』の発刊に当たって

1　田場盛義との出会い

私が、田場盛義の生涯と生き方を知ることのできる膨大な資料が姪の国吉美恵子（宜野湾市在住）の元に残されていることを知ったのは、浦添市史編集室に勤務していた一九七八年のことである。田場が沖縄初の外交官として活躍した人物であることは、郷土史家の川平朝申の著作などで目にしていたが、田場の出身地が浦添市の当山であることは、知る由もなかった。

田場の関係資料によって注目したのは、田場が選んだ外交官への道である。田場が生きた明治、大正、昭和前期の沖縄で外国語を日常語とする職種である外交官を選び、海外に活躍の場を求めた心意気と使命感はなんだったのか、ということである。

何故かというと、田場の沖縄県立第一中学校時代の同期生には、裁判官、公認会計士、社会運動家、大学教授、那覇市長など優秀な人材を輩出したが、外交官になったのは田場だけだったからである。私はそのことを強く心に受け止めて志半ばに逝った田場の思いを後世に残し、これからの沖縄の生き方の指針にしたいと思ったことである。

外交官としての田場は、「語学に強く、正義派で力量のある外交官」と評価された。上海では、後に外務大臣になった松岡洋右の秘書役を務め手腕を発揮した。また国際的にも影響力の強い英字新聞に論考を張って注目された。同僚の信頼も厚く台湾出身の外交官や中国人とも親しく交わりを持っている。家庭的には、家族の絆を大事にして妹の国吉鶴一家を上海に呼び寄せ、一緒に暮らし世話をしている。

田場の生涯、生き方を考えるとき、「遅れた沖縄」に対する危惧と強い使命感がある。沖縄を耕すという意味で、雅号を「耕南」（九四ページ参照）と称したのはそのためであった。亡くなる一年前に書いた『故郷を「観光」して』（琉球新報　一五回連載　一九三六年）によれば、中国との交易を提案し沖縄からの輸出品として「砂糖、海産物、石材、青物」がよいと薦めている。

そこには、「遅れた沖縄」を耕し沖縄振興の道を切り開き、先覚者として生きようとする田場の熱い決意が感じられるのである。今の沖縄にとって田場の思いから学ぶことは、沖縄の未来を切り開く道の一つである台湾、中国、韓国など東アジアとの人的、物的交流、交易を積極的にすすめ、平和で豊かな「万国津梁」の世界を築くことである。

出身地の当山小公園には、浦添市（市長　儀間光男）、当山自治会（会長　神山高成）、田場盛義顕彰碑建立期成委員会（会長　平敷光弘）などの尽力によって、二〇一〇年三月に「沖縄初の外交官　田場盛義顕彰碑」が建立された。田場の思いとその生涯は、確実に引き継がれて新生沖縄、浦添へと結びついていくようになったのである。次に田場の世界と生涯について記すことにする。

（又吉盛清）

田場の生家屋敷跡（2010 年）

浦添市当山区内に設置された顕彰碑の案内板（2010 年）

2 田場盛義（一八九四〜一九三七年）の生涯とその時代

外交官。一九三七年（昭和一二）七月二九日、中国、北京の東二〇キロメートルの都市、通州（現北京市通州区）で起こった通州事件で、体内に十数発の弾丸を受けて、同僚の藤沢平太郎（香川県高松市出身）と共に殉職する。

殉職時の肩書は「満州国」（現中国東北地方）外交部事務官で、冀東防共自治政府顧問、通州特派員公署付弁事処副処長として、執務中であった。

通州事件は、一九三七年（昭和一二）、蘆溝橋で日中両軍が衝突して間もない七月二九日、冀東防共自治政府（冀東は河北省東北部のこと）の所在地であった通州で、冀東政権保安隊三〇〇〇余名が蜂起して、通州在留の邦人（朝鮮人を含む）、日本守備隊、通州警察署、特務機関、「満州国」特派員公署が襲撃され、警察署全署員と在留邦人一八〇余名が惨殺された。世にいう通州事件である。

没年四二歳、波乱に富んだ外交官生活の大半を中国大陸を舞台にした田場の最期は、悲劇的であった。「正義派で力量のある外交官」という評価を受けながら、その豊かな才能を「不幸な時代」に沈められ、自らの意志とはうらはらに歩むという屈折をより深く背負い、無念のうちに生涯をとじる。

田場は、一八九四年（明治二七）一二月一日、父盛政、母カメの三男として今の浦添市当山に生まれる。その生家の屋敷跡は、部落の中を東西に流れる牧港川から南側に広がる当山の石畳道を登りきった左側に現存する。戦前、そこは〝嘉数前〟と呼ばれた〝屋取部落〟である。田場家は、首里系の士族出身で、家計は耕地に恵まれず苦しかったが、代々身につけた学問的素養のある家庭環境で育つ。

田場は、この生家から浦添尋常高等小学校に通い、一九〇八年（明治四一）に沖縄県立第一中学校（略称一中）に入学し、四年生の半ばまで過ごすが、その後一家が恩納村字恩納に引越したので、首里に下宿を求め、学業を続ける。

田場の外交官としての素質は、一中時代から語学力に抜きんでて、家から首里までの登下校中、ひとときも語学の教科書と辞書を手離すことがなく、また、日曜日には庭先のガジュマルの木で涼をとりながら、大声で英単語を学んだ。当時、英語に耳慣れない地元の人は、田場が語学に熱中する余り、異常になったと噂し、〝田場の学ブラー〟と叫んだ。

一中で同期生だった当間重剛（元那覇市長・元琉球政府主席）は、そのような田場の中学時代の思い出を「田場は浦添から通っていたが、靴はいつも学校の机にしまって、家からははだしで通っていた。語学に強く、非常に覇気にとんだ性格で、既にその頃から将来外交官としての素質を備えていた」と語っている。

田場の一中の同期生には、多くの俊才が集まった。ちなみに、その同期生に、佐喜真興英、下地玄信、呉屋良幸、安良城盛英、仲宗根源和、島袋光裕らがおり、各界で活躍した。学園は、日露戦争後の国民的自覚の高まりの中で国家主義の教育が強調され、若い青年たちが夢を大きくはばたかせていた。

田場は沖縄県初の外交官試験合格者であった。一九一三年（大正二）、一中を卒業すると、父親は教師として自立させようと師範学校二部への入学を勧めたが、田場は外交官になりたいという強い意志を変えず、父親を説得し、その年に上京する。

（又吉盛清）

田場の一中での同期生、当間重剛。後に那覇市長、琉球政府主席になる（出典「激動の記録　那覇市百年のあゆみ」那覇市企画部市史編集室　1980 年）

無念の思出新た
田場、藤澤兩氏の遺骨二体
朝の新京驛に着く

横領犯
梅ケ枝町で捕る

支那軍閥の暴状

今様阿波の鳴戸

瞼の母を

六年前の樂し

初秋に

通州事件で死去した田場を新京駅に迎える（新京日日新聞　1937 年 8 月 13 日）

3 東京外国語学校に入学

一九一五年（大正四）、東京外国語学校（現東京外国語大学）英語学科本科に入学する。県出身は田場一人で、入学時の本科生は三二名であった。語学に抜きんでていた田場も、全国から英語本科をめざしてきた青年たちの中では、第一学年の及第者二六名中二〇番という席次であったが、遅れを取り戻すと発奮したので、第二学年の修了時には一〇番にくいこんだ。その甲斐あって、第二学年在学中に、難関な外務書記生試験に合格し、外交官への道をめざす。田場二二歳のときである。

合格後、すぐに外務書記生に任命され、福州勤務を皮切りに、香港総領事館、廈門領事館、外務大臣秘書官房室、吉林総領事館、外務亜細亜第一課、漢口総領事館を歴任した。この間、吉林在勤中の一九二二年（大正一一）八月には、国家試験外交科予備試験にも合格し、外交官としての資質の向上をはかったが、一九二五年（大正一四）には、なぜか依頼退職をして、身を引き八年間余の外交官生活を終えている。

この辞職の事情には、不明なところが多く、一説によれば、正義派で自由奔放な〝田場の言説〟が当局に〝問題〟にされくびになったというのと、田場自身が英字新聞の発刊の仕事を始めるために退職したという説がある。

田場の結婚は、退職後の一九二六年（昭和元）一一月、漢那憲和の仲介によって、尚家の御屋敷（東京九段）勤めの奥原宗仁の次女、貞子と縁を結んでいる。

この田場の結婚については、外務省の書記生の頃、あるドイツ公使の娘との縁談の推めもあったが、それを断り、「沖縄女性」を選んだ。妻貞子は、一九〇二年（明治三五）生まれ、共立女子商業学校（現共立女子大学）から東京三越本店に入社した才女であった。

奥原家は、御屋敷の格式もあってか、早くから婦女子の教育に気を配った。縁談も在京のトップクラスの沖縄男性とまとめている。長女たず子は、台湾水産界の大御所といわれた与儀喜宜に嫁いだ。このようなこともあって、漢那を含めた、与儀、田場の交流は終生変わることがなかった。

（又吉盛清）

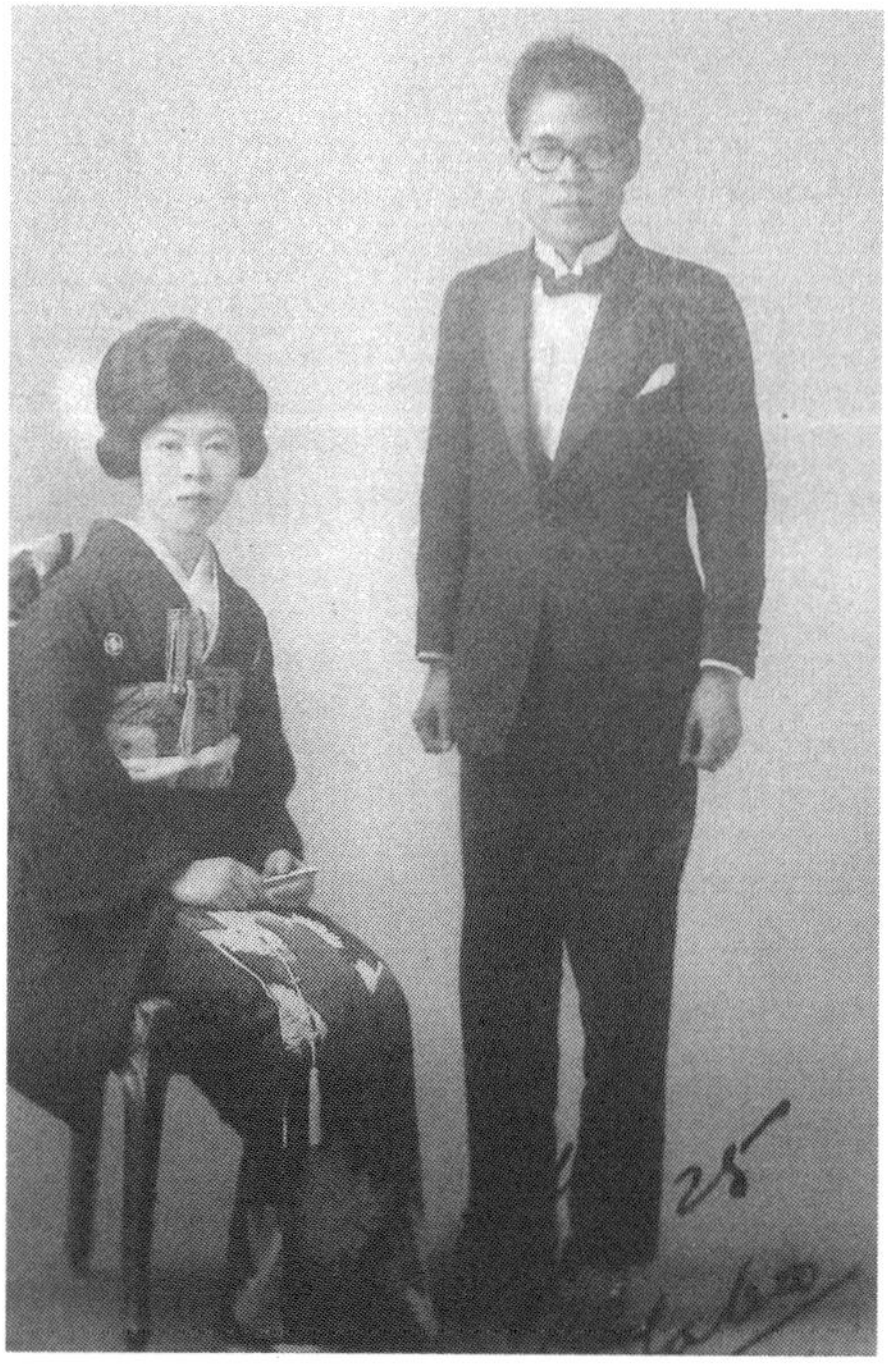

東京九段の尚家の琉球屋敷に勤務する奥原宗仁の次女・貞子と結婚（1926年）

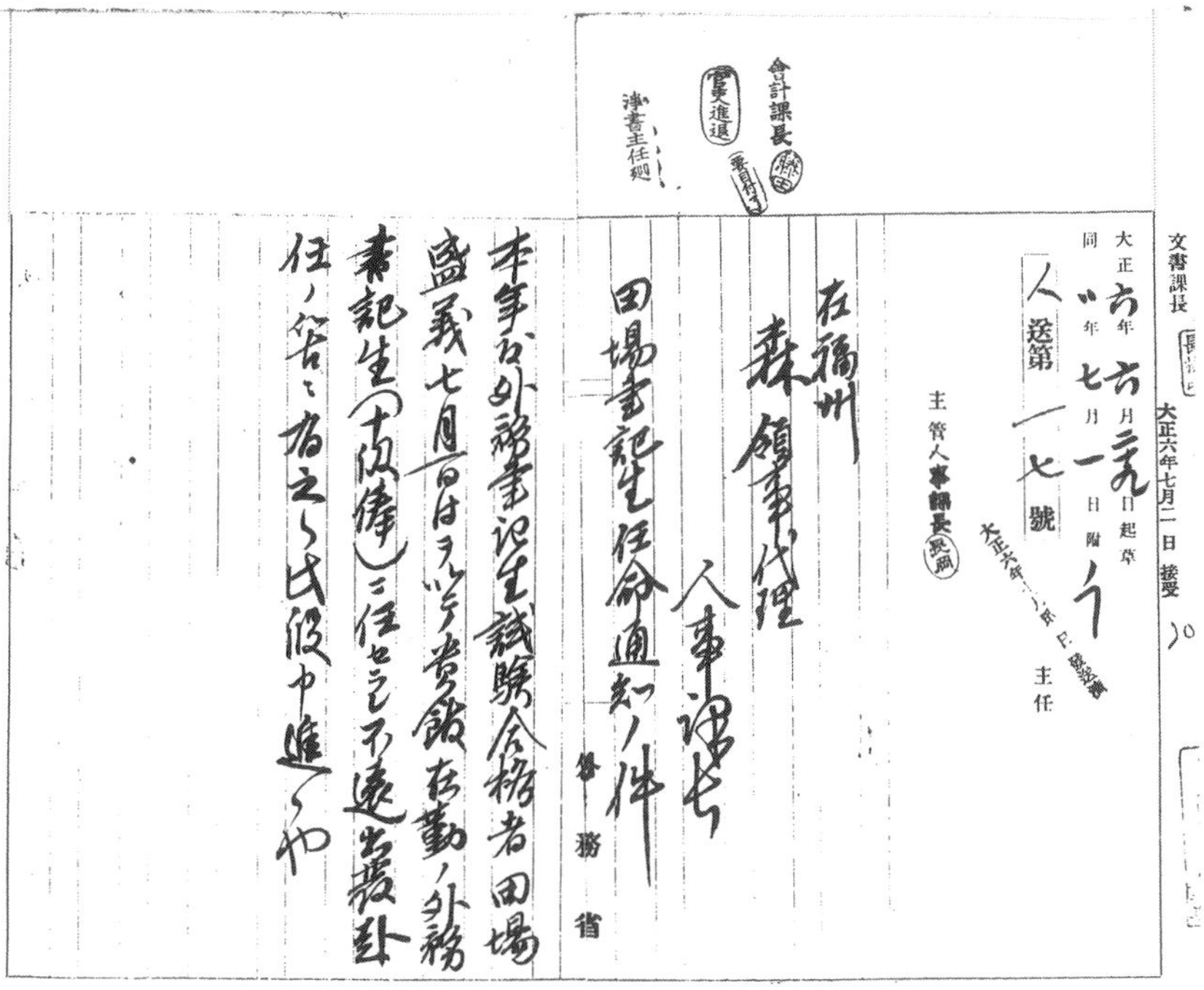

文書課長

大正六年七月二日接受

大正六年六月二十九日起草
同　七月一日

人送第一七號

主管人事課長

会計課長

浄書主任

在福州
森領事代理　人事課長

田場書記生任命通知ノ件

外務省

本年六月外務書記生試験合格者田場盛義七月一日付ヲ以テ貴館在勤ノ外務書記生（俸給）ニ任セラレ不遠出発赴任ノ筈ニ有之候此段申進候也

外務省外交史料館所蔵の「田場盛義」の履歴書（1917年）。履歴書には田場の外務省試験科目から中国各地の領事館への任命通知書などが記載されている。

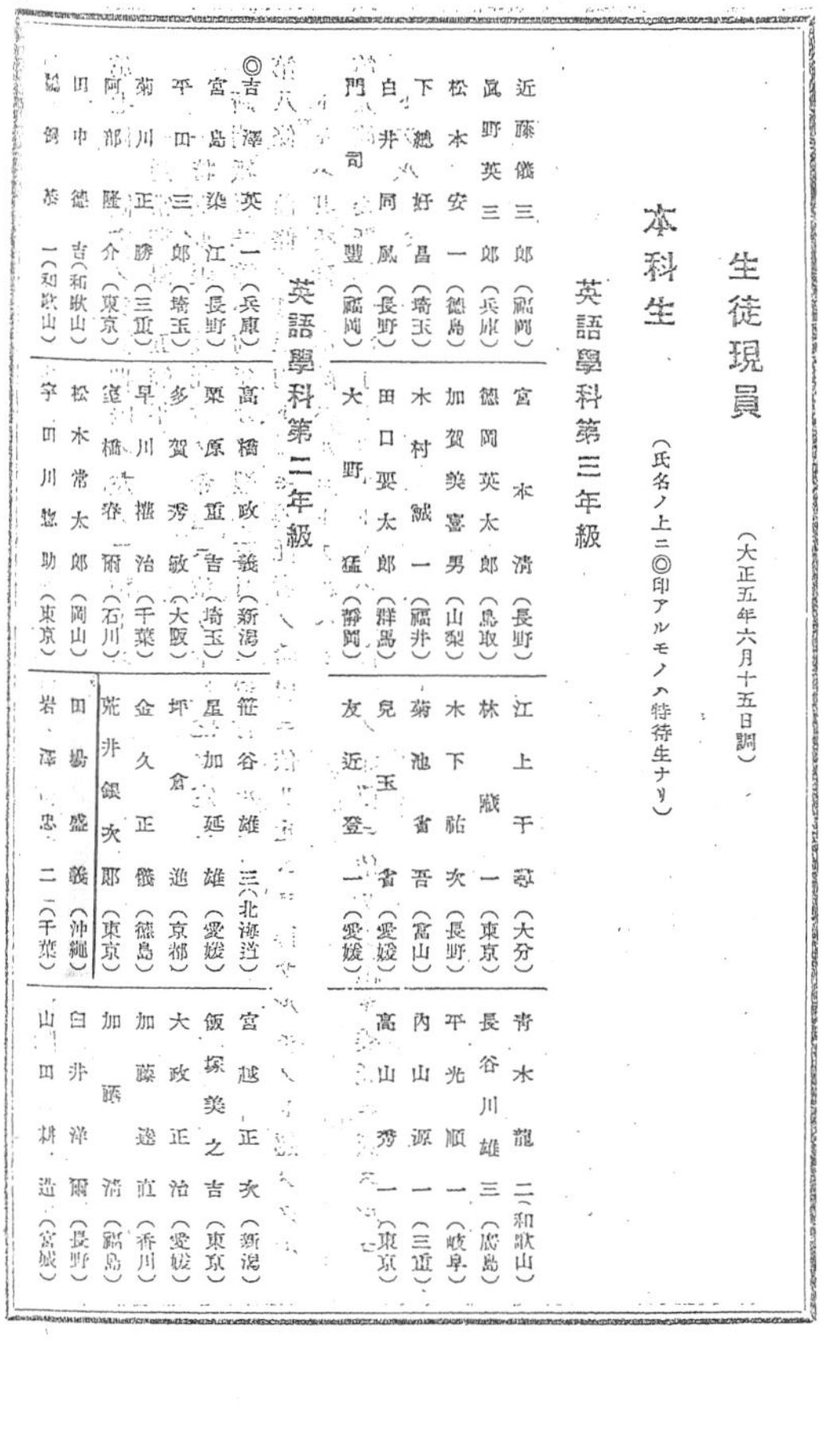

生徒現員

（大正五年六月十五日調）

本科生

（氏名ノ上ニ◎印アルモノハ特待生ナリ）

英語學科第三年級

近藤儀三郎（福岡）
眞野英三郎（兵庫）
松本安一（徳島）
下總好昌（埼玉）
白井同風（長野）
門司豐（福岡）
宮本清（長野）
徳岡英太郎（鳥取）
加賀美富男（山梨）
木村誠一（福井）
田口要太郎（群馬）
大野猛（静岡）
江上千尋（大分）
林臧一（東京）
木下祐次（長野）
菊池省吾（富山）
兒玉省一（愛媛）
友近登一（愛媛）
青木龍二（和歌山）
長谷川雄三（広島）
平光順一（岐阜）
内山源一（三重）
高山秀一（東京）

英語學科第二年級

◎吉澤英一（兵庫）
宮島染江（長野）
平田三郎（埼玉）
菊川正勝（三重）
阿部隆介（東京）
田中徳吉（和歌山）
鵜飼恭一（和歌山）
高橋政義（新潟）
栗原重吉（埼玉）
多賀秀敏（大阪）
早川擢治（千葉）
道橋春爾（石川）
松本常太郎（岡山）
宇田川惣助（東京）
笹谷雄三（北海道）
星加延雄（愛媛）
坪倉迪（京都）
金久正儀（徳島）
荒井銀次郎（東京）
田場盛義（沖縄）
岩澤忠二（千葉）
宮越正次（新潟）
飯塚美之吉（東京）
大政正治（愛媛）
加藤遂直（香川）
加藤清（福島）
白井洋爾（長野）
山田耕造（宮城）

生徒現員、田場は沖縄からのただ一人の入学生であった。同期生は教職、官職、実業で力を発揮した（1917年、東京外国語学校所蔵）

4　上海へ

　退職後の翌月には、田場は国際通信社編集部に職を求め、翻訳事務に従事するが、この会社は入社後一年目に解散したので上海に渡り、上海日本商務官事務所に嘱託として勤務する。

　一九二七年（昭和二）日本海軍陸戦隊と中国軍との間に戦闘が勃発（第一次上海事変）、日中両軍のほか本格的な武力衝突に発展していく。

　田場も、この第一次上海事変で日本租界外にいて、砲火の中で家財道具をはじめ多くの蔵書を焼き払われるなど、苦難の体験をする。

　田場はこの上海で海外生活の大半、六年余を過ごす。上海はもっとも思い出の多い地になる。上海でその得意な語学力と才能を認められ、「南支那」の視察にきた松岡洋右（後の外務大臣）の秘書役となり、上海を案内する。松岡はそれ以来、田場を高く評価し、何度か激励の書信を寄せている。今、これらの松岡からの書信の一部は、姪の国吉美恵子の手で保管されている。

　上海ではよく、有力な英字新聞である『North Chaina Daily News』やその他の英字新聞に論文を書き、所信を披瀝する。その明快で自由奔放な論旨は、大きな社会的反響を呼び、外務省も注目して、注意を払ったという。また、投稿する論文は、東亜同文書院教授で、英文学の泰斗坂本義孝も賞賛して教室に持ち込み、学生らに必読をすすめた。

　上海は私生活の上でも〝充実した時期〟であった。商務官事務所の隣り合わせの三井物産に伊豆見元永（元首里市長）がいて、昼食時の散策などを楽しみ、伊豆見が東京勤務で引揚げる四か年の間、よき相談相手、心の友として、人生や文化、国家社会を論じた。

　一九三三年（昭和八）一月には、インド行きの途次、上海に立ち寄った東恩納寛惇を案内して交流を深める。東恩納はこのことを、著書『泰・ビルマ・インド』（昭和一六年五月発行・大日本雄弁会講談社）でふれ、感謝の意を表している。

　一九三一年（昭和六）九月、満州支配を計画した関東軍は、柳条溝の満鉄路線を爆破すると、ただちに軍事行動を開始して、東北三省、熱河省を占領。そしてその翌年には、清朝最後の皇帝、溥儀を担ぎ出して「満州国」の建国を宣言した。

田場の論考を賞賛した英文学の泰斗、坂本義孝東亜同文書院教授

「満州国」は、〝五族協和〟を旗印にしていたが、その内実は、日本軍の傀らい政権、日本の植民地で、対ソ連、対米戦に備えた、強固な産業国家の建設を目論んだものであった。

一九三三年（昭和八）五月、田場は住みなれた上海を後にして、建国後間もない「満州国」に入る。外交部入りを請われていた。田場は「満州国」への出発を前に、妻貞子に書信を送り〝「満州国」入り〟を伝えると同時に、そのことは漢那憲和、与儀喜宜、森田孟睦にも連絡済みであると書き添えている。

田場の「満州国」外交部での任務は、文化宣伝担当であった。得意な語学力を生かして、英文の新聞、雑誌を編集して各国に送り、「満州国」承認の気運を高める宣伝業務を一手に引き受けた。当時、同僚の一人だった松村寛は、「田場は、長い中国生活と、上海の商務官事務所時代の体験で、中国事情にくわしく、特に経済方面に力があった。外国の新聞や雑誌から、それらの関係資料を翻訳したのは、主に田場の分担であった」と証言している。

一九三五年（昭和一〇）一一月二五日、関東軍の土肥原賢二少将の手によって、冀東非武装地帯に、早稲田大学出身の親日派、殷汝耕を主席とする冀東防共自治政府が成立した。華北への経済進出と防共、抗日運動を阻止するための、日本軍の傀らい政権であった。

冀東政権は、従来、非武装地帯を足場に陸揚げされていて日本の対中国密貿易（冀東密貿易）を「冀東特殊貿易」とよんで正

今の上海バンド（外灘）。「中国の中の植民地」といわれたイギリス租界の中心にあり、田場が出入りしたビル群も多い（2006年）

当化した。通州には、日本製品が流れ込み、日本人居留者も増加した。国民政府の関税収入は激減し、中国経済は混乱しはじめる。

中国民衆の怒りは激化、抗日運動はますます高まりをみせていた。

田場は冀東政権樹立の翌年、「満州国」外交部から、駐冀東通州特派員公署に派遣される。その具体的な任務は明らかではないが、「通州行きは左遷だ」と側近にもらしたという。また、通州事件の起る三日前に書かれ、絶筆と思われる漢那憲和代議士あての書信によれば、「ある種の重要工作」に従事していると伝えている。

通州行きは、妻子を新京（現長春）に残しての単身赴任であった。華北の情勢は容易ならぬものがあり、身の危険を予想していた。それは、漢那にあてた先の書信からもよみとれる。

通州事件は、日本軍の総攻撃、厳戒令、天津と通州の交通途絶の中で起った。最初の弾丸は、中国部隊を掃討するために出動した飛行機部隊が、日本勢力下の冀東保安隊に〝誤って〟落としたのが引き金になったといわれる。しかし保安隊の襲撃は、日本守備隊と警察署、日本人だけを計画的にねらいうちするなど、組織的な行動を思わせた。

抗日運動が、めざましい勢いで全中国をまきこもうとしていたが、通州事件の前月には、張学良が「抗日」を呼びかけ、蒋介石と周恩来の話し合いは済み（西安事件）、国共合作を母胎とする民族統一戦線も合意に達していた。

公署内で雇員の藤沢平太郎と共に応戦した田場も力つき倒れた。ときに一九三七年（昭和一二）七月二九日午前三時すぎであった。

正統派で頭脳明晰、正論を好み、温厚篤学、親孝行者で謹直な人格者と、田場を知る者は評し、その死をおしんだ。

田場は終生、沖縄を愛し、自らの学問と体験を沖縄の為に役立たせたいと、念願していた。雅号を耕南（南を耕す）と称したのも、その一念からであった。東京外国語学校に進学するため、沖縄を離れてから通州で殉職するまで、田場は都合、三回帰郷している。一九三六年（昭和一一）六月、最期の旅は、島袋源一郎らに案内されて、全島をくまなく回り、その所感を『故郷を「観光」して』と、一五回の連載で新聞に発表しているが、田場の沖縄へのほとばしる思いが綴られ、その心情をよく知ることができる。

田場は、その中で「砂糖、海産物、石材、青物の、対満、対支の貿易を考えるべき」と提言し、「県内に於ける蝸牛角上の政争を捨て大同につき、全体がスクラムを組むべき」であると一矢をむくい、毎日の宴会の連続をなげき、その改善を叫んでいる。

そして特に注目に値するのは、「辻は封建的男性の遺物、資本主義の残しである」と位置づけ、「辻に、準家庭制度の存続する限り、沖縄の家庭を浄化し家庭らしい家庭を営むことは困難である」と、論破している。

また、沖縄社会の古い観念と因襲にもきびしい態度を示す。「風水は、沈滞し弾力を失った社会に湧いたウジ虫というべきもの。沖縄の風水もまた、問題である」といい、「三世相」「巫女」など、この種の商売人が霧散しない限り、「南島はいくら暖かい陽気に恵まれても、社会全体は陰惨な空気から解放されるのは困難である」と結論づけている。更に墓地についても、「死人の家」より「生者の家」を考えることである。中国式の「面子」と「虚偽虚礼」に堕した行事は、一切廃止すべき、実に就く精神が大切である」と強調し、その改善を要望している。

これらの所感には、きびしい批判を展開しながらも、「遅れた沖縄」を耕し、復興の道を思索して田場の先覚者たらんとする決意があった。

没年四二歳。将来を渇望された人物は永遠に還らぬ人となった。

一九三七年（昭和一二）八月、亡骸は「満州国」葬儀の後、同僚の山本永清の手によって、母堂のいる那覇市若狭町に移された。その亡骸は県をあげて出迎え、那覇飛行場には、県から森下総務部長、各課長、当間重剛那覇市助役、高安首里市長、長嶺恩納村長、松浦警察部長、各小中学校長、照屋宏、太田朝敷ら友人、官民団体代表など百余人が集まり、市内の各学校児童、中学生は沿道に並んだ。

そして八月二五日には、那覇市葬が、那覇市尋常高等小学校々庭で、一〇〇〇名の参列者が集まり、多くの弔辞と弔電が寄せられて盛大に開催された後に、亡骸は、那覇市天久の墓地に移された。

（又吉盛清）

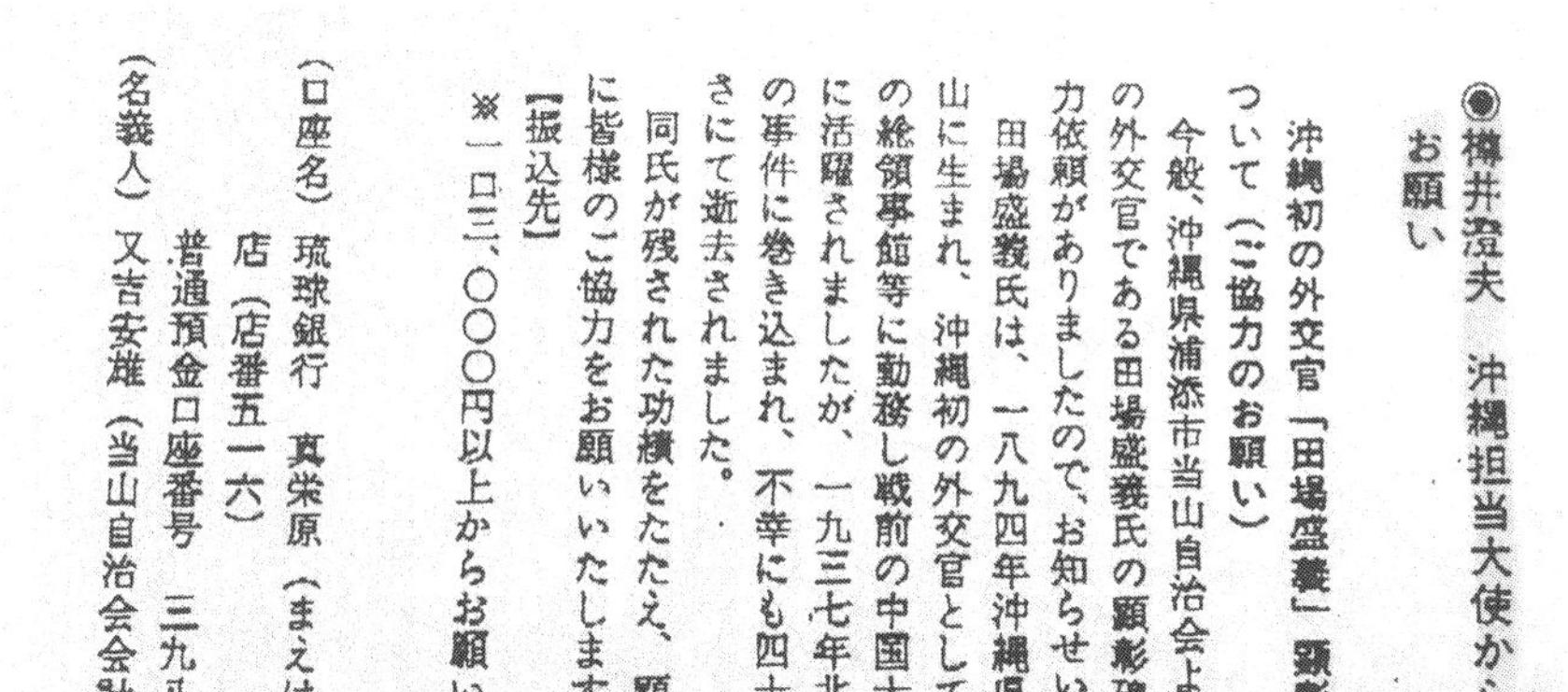

◉樽井澄夫　沖縄担当大使からのお願い

沖縄初の外交官「田場盛義」顕彰碑建立について（ご協力のお願い）

今般、沖縄県浦添市当山自治会より、沖縄初の外交官である田場盛義氏の顕彰碑建立の協力依頼がありましたので、お知らせいたします。

田場盛義氏は、一八九四年沖縄県浦添市当山に生まれ、沖縄初の外交官として中国各地の総領事館等に勤務し戦前の中国大陸を舞台に活躍されましたが、一九三七年北京郊外での事件に巻き込まれ、不幸にも四十二歳の若さにて逝去されました。

同氏が残された功績をたたえ、顕彰碑建立に皆様のご協力をお願いいたします。

【振込先】

※一口三、〇〇〇円以上からお願いします。

（口座名）琉球銀行　真栄原（まえはら）支店（店番五一六）

普通預金口座番号　三九八二一四

（名義人）又吉安雄（当山自治会会計）

樽井澄夫沖縄担当大使からのお願い。田場の顕彰碑建立については、市内外に加え、日本外務省関係者のノルウェーなどからの寄付が寄せられた（2010年）

第2章　田場の足跡を中国に訪ねて

——香港・アモイ・福州・上海——

1 香港・アモイ領事館跡

二〇一〇年、沖縄初の外交官になった田場盛義が勤務した香港・アモイ・福州・上海の日本総領事館を訪ね、これからの沖縄と中国の関わりについて考察する。

田場が勤務した領事館は、中国大陸の沿岸から内陸、旧「満州国」まで広大な地域に及んだ（口絵参照）。その点では、田場は、大正から昭和前期の沖縄人としては、誰よりも中国をよく理解した人物であった。田場の中国体験は、十九年余にわたっている。私はそれを三期に分けている。第一期は外務省時代の九年間、その後、外務省を離れて上海の日本商務官事務所に移った六年間の上海時代が第二期である。第三期は松岡洋右（後の外務大臣）に薦められて旧「満州国」時代の四年間である。

大英帝国を誇示

田場の二番目の勤務地になる香港日本総領事館は、福州総領事館と共に、明治初期の一八七二年（明治五）に設立されている。田場が香港勤務を命じられたのは、二三歳の一九一七年（大正六）のことである。英国の植民地下にあった香港は、国際的な金融、通商の中心、交通の要衝になり、大英帝国の統治を内外に誇示していた。日本企業の進出も早く、中国、東南アジア、南洋などへの「南ルート」の重要な窓口になっていた。世界の情報が集中する香港情報は不可欠なもので、その任にあったのが総領事館である。

田場が赴任した頃の総領事館は、香港島北岸のセントラル地区にあった。外務省が発行した住所録によれば、セントラル通り二番地になっている。現在の中環区干諾道中である。植民地時代から、役所、商社などのビジネス街の中心地になり、香港を代表する地区であった。今日でもその様相は変わらず、天を突くような高層ビルが林立する。国際金融センター、銀行、百貨店、ホテルなどが並び、今の香港日本総領事館が入居するビルもここにある。

田場が勤務していた総領事館跡は、干諾道中の車道が高架する一角に位置していた。そこは今の香港日本総領事館が入居するビルからも近い所である。旧総領事館跡については、写真などが見つからず、持参した地図で確認しただけだが、私にとってあらためて田場の香港体験を知る、貴重な沖縄人の現場を発見することになった。

また旧総領事館は、田場だけではなく沖縄との関わりも深く、中国沿岸での漂流民の沖縄送還や、南洋などへの移民船の寄港地にもなって、手続きなどを済ませている。今の香港にも多くの沖縄人が在住している。私が宿泊した九龍島のホテルに近い広東道の大通りを散策していたら、沖縄料理店の「ちゅら」が目に付いた。「香港沖縄県人うりずん会」（会員八〇人）の活躍はよく知られている。沖縄県産業振興公社香港事務所も県の出先機関になって、各分野の沖縄人の活躍を支援している。

一一三年の歴史建造物

田場の三番目の勤務地になった日本アモイ領事館は、一八七五年（明治八）、アモイの西南に浮かぶ小島の鼓浪嶼島（コロンス）に建てられた。そこは英仏などの共同租界になり、各国の領事館、商社、教会、学校などがつぎからつぎへと建てられた。日本もその一角に領事館を建て、福州、香港と同じように南からの中国（台湾）、東南アジアなどへの勢力拡大を目指した。

今、鼓浪嶼島には、一八九七年（明治三〇）に南方特有の本格的なバンガロー植民地様式に建て替えられた領事館跡が、田場の執務していた当時のまま現存していた。建設から一一三年になる建物である。領事館跡がこのように現存しているのはアモイだけである。他に上海、漢口の総領事館跡が「優秀歴史建築」として残されているが、当時とはだいぶ違うものとなっている。そのことでは、アモイの領事館跡は、大日本帝国の領事館建築とその背景になった近代日本と中国の、不幸な歴史も明らかにすることのできる一級の歴史的な建造物である。

沖縄人にとっては、この建物は田場の中国体験を知るだけではなく、他の沖縄に関わる記憶をよみがえらせるものである。

アモイ日本領事館跡（鹿礁路 24—28 番地）。当時のまま現存し「重点歴史風貌建築」に指定されている（2010 年）

香港日本総領事館は、セントラル通り２番地にあった。現在、高架道とビルが林立し、その跡形は確認できなくなっている（2010 年）

田場の２番目の勤務地になった香港総領事館は、漂流民の沖縄送還など関連の深い所であった。写真は、田場の姪の国吉美恵子と案内人の大学教員、趙重苓（2010 年）

沖縄は台湾領有によって台湾を経由する「交易ルート」をアモイ、福州に求めるようになる。県知事、国会議員、教員など政財界、文化界の要人らが視察を行い領事館も訪ねている。ここから見えるものは、沖縄と中国の多面的な関係史の記憶である。そうして今、台湾と中国の両岸関係の一体化（ＥＣＦＡ）の新時代の中で、アモイの領事館跡も再認識されてよいのではないかと思う。

（又吉盛清）

2　沖縄人外交官と福州

沖縄初の外交官になった浦添出身の田場盛義の足跡は、務めていた東京外務省本省、福州、香港、アモイ、南京、吉林、漢口（武漢）、上海（商務官事務所）、長春（旧「満州国」外交部）、北京（通州特派員公署）など広範囲にわたるが、ここではよく知られていない近代沖縄と中国の人的な関わりを、田場の足跡を通して明らかにしたいと思い、主に福州との関わりを中心に記述したい。

福州日本総領事館は、田場が最初に赴任した土地である。一九一七年（大正六）四月、東京外国語学校（現東京外国語大学）英語本科の在学中に難関の外務書記生試験に合格すると、外務省本省に約四カ月在職した後、七月には福州総領事館への辞令を受けている（二九ページ参照）。

同期生（二六名）の多くは、教職に進み学校長、大学教授になる。実業では有力会社の日本郵船、三井物産などに就職する。中には東京・京都・九州の各帝大に進学しているものもいる。席次も上位にいた田場は、どの分野でも活躍の機会が約束されていたが、学費や生活費など家族の経済的な負担を考えて、官職の外交官の道を選んだのである。

「唐商」を提案

福州が沖縄人にとって特別な土地であることは、田場もよく知っていた。琉球と中国の五〇〇年余にわたる絶えることない往来があり、多くの政治、経済、文化的な影響を受けた古い海運都市である。福州にはその拠点になっていた福州琉球館、進貢使節や留学、漂流などでいつも琉球人が滞在していた。中には病気や事故などで死去し琉球人墓地に葬られたものもいた。田場はこの福州が最初の任地になったことに深い因縁なものを感じたに違いない。

田場は後に帰郷（一九三六年）した時に、琉球新報に書簡「故郷を『観光』して」を寄せた。そこで沖縄は「砂糖、海産物、石材、青物の対満、対支の貿易」に進出すべきと、「唐商（とうあきない）」について提案したのは、かつての交易時代の琉球と中国（福州）の強い繋がりを意識してのことであった。

近代になると、一八九五年の台湾植民地支配下で那覇から台湾を経て福州、上海、香港への航路が開かれ、沖縄から県知事や経済界の要人らの貿易、産業視察などが相次ぐようになる。このような中で福州に八重山炭坑事務所、丸一洋行、生和洋行などが営業規模を拡大した。他県からも沖縄を上回る企業が進出する。このような「邦人八〇〇人余」（一九一六年）の居住によって、日本総領事館は「国権ノ伸張邦人ノ保護」を任務とする名目、中国進出を正当化するようになる。

倉山に一七国領事館

福州総領事館は早くも、アモイ、香港とともに明治初期（一八七一年）の日清修好条規に基づいて設置された。いずれも南中国と東アジア進出の拠点とするものであった。日本は、台湾領有によって対岸侵略の「南支対策」を重視した。中国に進出した他の欧米列強も同じように、侵略の要となる領事館を中国各地に建築するようになる。日本総領事館は市街区と閩江（びんこう）によって隔てられた市南部の倉山（南台）に建設された。田場が赴任した当時の住所は「支那福建省閩候県倉前山」である。倉前山（現倉山区）は、「中国の中の植民地」になった租界地であった。

この地区に日本をはじめ列強の領事館、学校、商社などが集中した。最初に領事館を置いたのはイギリスで次いで、アメリカ、フランス、オランダ、ロシア、ドイツ、ポルトガルなど、清末には一七国の領事館が林立した。まさに福州は、列強の中国支配の〝総本山〟になったのである。今の倉山区には、田場が勤務した福州総領事館はなくなり、イギリス、アメリカ、ロシアの領事館が学校、病院など別の用途で現存する。

私はその中でアメリカ領事館を確認した。日本総領事館は、日本側が作成した一九三〇年代の福州市街図で所在地を探し現場を参観した。地図にはイギリス、アメリカの領事館跡も見られる。日本総領事館の東側には、日本軍人墓、日本人小学校、福州神社、日本海軍武官室などが続き、ここは福州支配の「日本区」になっていたことがわかる。現在この「日本区」の辺りに琉球人墓を保存した「琉球墓園」がある。

田場は日本総領事館に近いこれらの琉球人墓群を目にしたのであろうか。今は知る由もないが、歴史の巡り合わせは不思議なものである。私は一九八一年五月、浦添市史編纂のひとつとして取り組んだ「中国進貢使路の旅」の企画責任者として、この墓群と立ち会ったことがある。しかしこの時は浦添出身の田場のことや、日本総領事館がこの近くに建設されていたことなど知ることもなかった。いかに中国に関わる沖縄近代史、地域史の人的関わりに無知であったのか、今でも猛省しているところである。

（又吉盛清）

田場盛義が勤務していた日本総領事館跡。領事館は租界地の倉前山に建築。今は破壊されて無くなっている。近くに琉球人墓地群もある（1937 年）

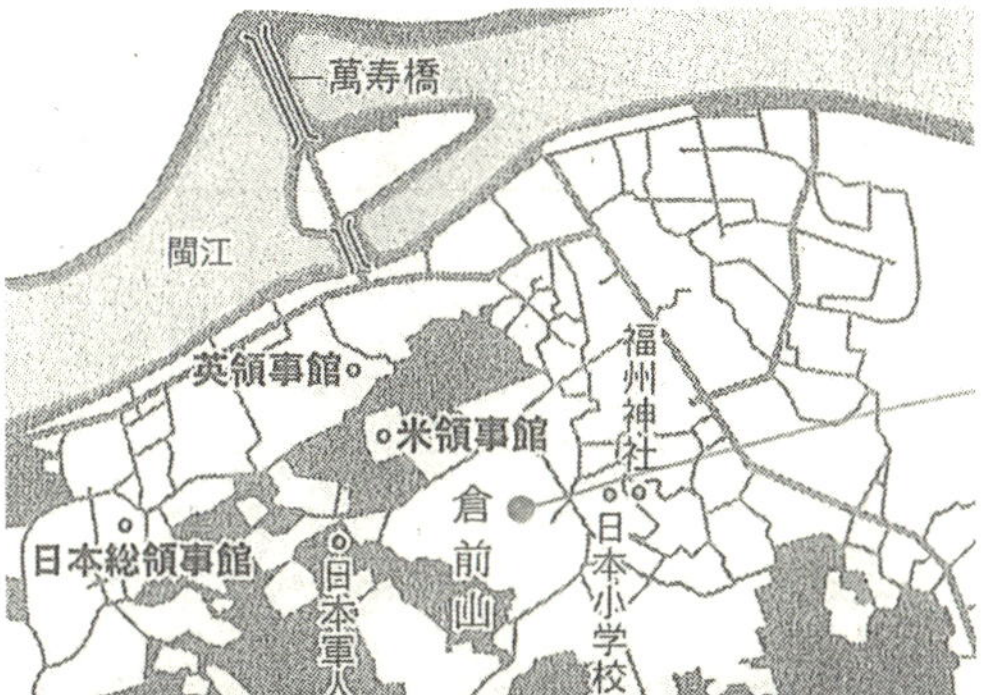

1930 年代の福州市街図。日本、英国、米国などの領事館が見られる

現存する米国領事館跡。倉山区批区に建築。一時期、図書館として活用された（2010 年）

3　琉球・沖縄と上海

沖縄人は近代に入り、早くも上海とのかかわりを持った。一八七三年（明治六）に上海沖で漂流し、米国船籍のリービィ号に救助され、上海の日本領事館に護送された一七人の沖縄久高島の人たちのことがわかっている。

一般の日本人が上海に行けるようになるのは、一八七一年（明治四）の日清修好条約の締結によって、一八七五年（明治八）に横浜と上海間に、定期航路が開かれた後のことである。

明治政府が琉球を併合した、いわゆる「琉球処分」の処分官であった松田道之がまとめた『琉球処分』の外交文書の中に、「米国船ニ於テ漂流ノ琉球人ヲ救ヒ水道船託シ上海領事ヘ送致スルノ顛末」が記されている。

この時、任に当たった上海領事は、井田護であった。井田は乗組員に物品、諸経費を支給し、長崎と鹿児島を経由して那覇へ送還した。この厚遇には、「琉球国ハ我ガ版籍トシテ」扱い、中国との琉球の帰属問題を有利に決着させるという、明治政府の政治的な意図があった。

上海に近い浙江省や寧波や台州、温州などの中国沿岸は、琉球船がよく漂着する海域である。漂流船の数は、福州や台湾よりも多い。漂流船と中国の関係でいえば、上海と浙江省沿岸は、琉球船と琉球人を飲み込んだ鎮魂の〝深い海〟ということになる。

いずれにしても、久高島の人たちの上海経験は早いものであった。

歴史教育の現場

日本領事館が上海に設置されると、一八七六年（明治九）にフィリピン沿岸で漂流した沖縄人が三人、翌年に六人が香港日本領事館から、上海日本領事館に送られて那覇に帰還している。その後もこのルートはひとつの帰還コースになり、沖縄人の上海体験は続くことになる。

このように沖縄人がかかわり合った日本領事館の前身になったのは、南蘇州路の外務省上海出張所である。日本領事館が現在地の「日本人租界」といわれた虹口（ホンキュウ）の、黄浦江沿いに移ったのは、総領事館に昇格した後の一九一一年（明治四四）のことで、二代目ということになる。三階建てれんが造りの優美な外観は曲線で固められ、いかにも「日本帝国総領事館」という、国威を表出した構えになっている。

蘇州江沿いには、日本総領事館東西側に、米国、ドイツ、ロシアの総領事館が並び、少し離れたガーデン・ブリッジ（外白渡橋）を越えたところに、英国総領事館が続いている。

現存するのは、ロシア総領事館と上海市優秀近代建設に指定された日本総領事館と英国総領事館の三館だが、私は上海でもこのあたりは、「日本帝国」と列強の中国侵略と植民地支配の総元締になった外国公館の集合地であり、バンド（外灘）や租界と同じように、中国近代史（上海史）を最も良く知ることのできる、歴史教育の現場だと思っている。

田場と上海

日本総領事館には、沖縄初の外交官になったもう一人の沖縄人の田場盛義が勤務する農商務省の下部機関になっていた上海日本商務官事務所が置かれていた。田場は、一七年（大正六）外務省に入り、香港、厦門、吉林、漢口などの総領事館を歴任した後、二七年（昭和二）この商務官事務所に勤務して、「満州国」外交部に転職する前の六年余をこの領事館で過している。

また田場は、この間「南支那」の視察にきた満鉄副社長の松岡洋右（後の外務大臣）の秘書役として行動を共にしたり、上海の有力な英字系の新聞「ノースチャイナ・デイリーニュース」に論考を寄せている。その論考は、大きな反響を呼び、沖縄人留学生も学んでいた東亜同文書院の英文学の坂本義孝教授によって、教材としても活用された。

田場は、東亜同文書院の卒業生で上海三井物産に就職した伊豆味元永（元首里市長）らとの交友も深めている。三三年（昭和八）、沖縄人の歴史家、東恩納寛惇がインド行きの途次、上海に立ち寄った際に、東恩納を出迎え、市中を案内したのも田場であった。

（又吉盛清）

1930年代の上海日本総領事館。田場が勤務した日本商務官事務所が置かれた。近海で漂流した沖縄久高島の漁民の送致にも当たった

日本商務官事務所が入居していた上海
日本総領事館跡、現黄浦飯店（2006 年）

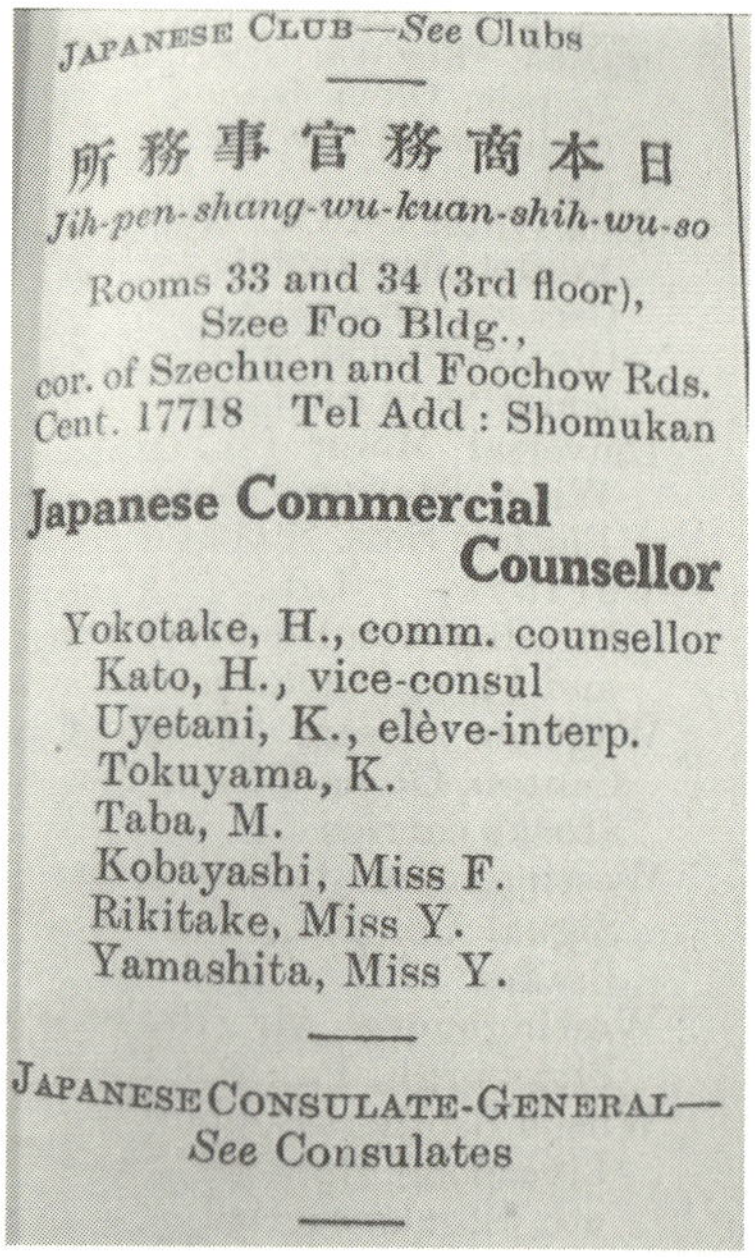

JAPANESE CLUB—*See* Clubs

日本商務官事務所
Jih-pen-shang-wu-kuan-shih-wu-so

Rooms 33 and 34 (3rd floor),
Szee Foo Bldg.,
cor. of Szechuen and Foochow Rds.
Cent. 17718 Tel Add : Shomukan

Japanese Commercial Counsellor

Yokotake, H., comm. counsellor
Kato, H., vice-consul
Uyetani, K., elève-interp.
Tokuyama, K.
Taba, M.
Kobayashi, Miss F.
Rikitake, Miss Y.
Yamashita, Miss Y.

JAPANESE CONSULATE-GENERAL—
See Consulates

「Taba, M」の文字（上海図書館所蔵）

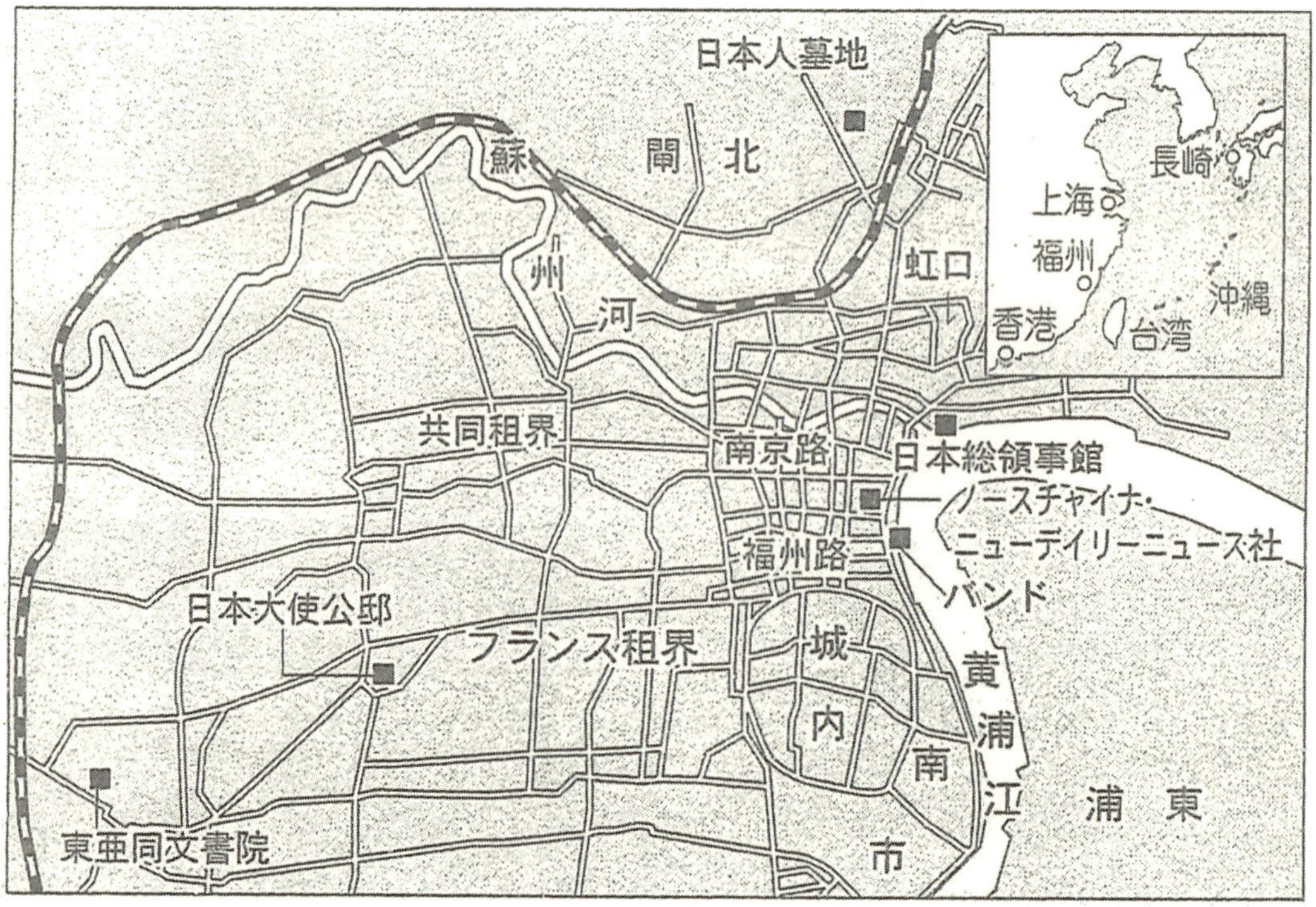

日本総領事館は、上海の「日本人町」といわれた虹口の一角。黄浦江に沿って建ち現存する

4　上海と沖縄人兵士

私は、沖縄初の外交官になった田場盛義の中国・上海での生き方を通して、沖縄人の中国体験を知りたいと思い、上海での六年余の田場の足跡を追ってきた。その現場の一つが「南支那」の視察にきた満鉄副総裁の松岡洋右（後の外務大臣）が宿泊し、田場と会議の打ち合わせなどをした南京東路のキャセイホテル（現和平飯店北楼）だ。

国際都市の幻想

同ホテルは、当時のイギリス租界（開港都市に設けられた治外法権の外国の租借地区）を牛耳り神戸にも邸宅を構えたサッスーン財閥の本拠になった建物である。今でも上海を代表する一流の有名なホテルで、国内外の観光客が利用している。私の主宰する沖縄大学の学外学習会は、このホテルに宿泊して、田場の足跡の確認と列国の中国支配の根拠地になった租界の建築群などを、植民地支配の証しの一つとして、その実態を考察しているのである。

この和平飯店北楼の向いのパレスホテル（現和平飯店南楼）は、蒋介石の結婚式場にも、使われたホテルである。そのパレスホテルからバンド（外灘）側の中山東一路に面した九階建てのビルが、田場の論考を掲載した「ノースチャイナ・デイリーニュース」（現友邦大廈）の社屋であった。ここに立つと田場が原稿を小わきに抱えて、このビルを出入りする姿が見えてくるようである。

このような上海の歴史の現場に立つと、列国によって自国を奪われ、差別と偏見の中で、中国人が呻吟（しんぎん）した植民地下では世界の国際都市といわれた上海も、単なる幻想ではなかったのかと何時も思うのである。またそのことを沖縄出身の田場にも、問うてみたいという感情にかられるのである。

田場が生きた六年余の上海は、日本の中国侵略の軍事的な暴力行為が拡大する中で、その対立と矛盾が日々に深刻になっていた。

国家護持の祭神

一九三一年（昭和六）の満州事変後、その軍事行動は、更に輪をかけて抗日運動の拠点になっていた上海にも及び、全中国に広がり始めた。

満州事変の翌年、上海に波及した第一次上海事変は、日本軍部の「満州」建国の陰謀から列国の目をそらしてほしいという、関東軍の内意を受けた策謀であったことは、今日では自明のこととなっている。田場はこの時、租界外の自宅で放火を受けて家財道具をはじめ、多くの蔵書を消失している。

また第一次上海事変の市街戦は、「我海軍のかつて経験」したことがないものといわれた。日本軍の死傷者、約三〇〇〇人、中国側の受けた被害も莫大なものになる。民間人だけでも死者六〇八〇人、負傷者二〇〇〇人、行方不明者一〇四〇〇人になっている。

沖縄人兵士も参戦し、国頭、今帰仁、本部、恩納、金武、座間味、宮古などから出兵した一二人が戦死、靖国神社に合祀されて国家護持の「祭神」となっている。

その後に続く第二次上海事変でも、沖縄人兵士の戦死は絶えなかった。更に上海から南京へと拡大する日中の全面戦争は、沖縄人兵士の戦死も増大した。ここには、沖縄人兵士もまた、侵略戦争と植民地支配の「日本帝国」の先兵、加害者になって、上海・中国を軍靴で踏み荒らし、中国人へのレイプと虐殺を繰り返してきた姿が見える。

海軍司令官大田の戦争責任

沖縄人は、日本国家に統合され皇民化教育を受けて「日本臣民」となり、帝国化した沖縄と沖縄人になることによって大きく被害者から加害者に転落していくのである。

二度の上海事変の戦場になった日本海軍特別陸戦隊本部の建物は、虹口の「日本人街」跡の今の魯迅公園に近い四川北路に現存する。四階建ての建物は、軍艦の要塞のように構えており、街中どこからでも目に付く所にある。

私にとって、沖縄と上海のかかわりを考える時、この建物は、かつて沖縄人兵士が皇軍となって、中国民衆に塗炭の苦しみを与えた、物証の一つになるものである。

沖縄とかかわる上海の戦場でもう一つ忘れてならないのは、沖縄戦の海軍司令官の大田実中将が、陸戦隊第五大隊長（少佐）として、この陸戦隊本部にこもり第一次上海事変を指揮していたことである。

これは大田が、上海事変から沖縄戦と続く日中戦争の中で二重、三重に沖縄人兵士を戦場へ追い込み、戦死させたということである。大田には上海戦と沖縄戦の戦場をつなぐ、もう一つの戦争責任の問題があるということである。

（又吉盛清）

田場盛義（左から２人目）と松岡洋右満鉄副総裁（後の外務大臣。田場の前方）、田場は松岡の秘書役になり、諸会議の通訳などを務めた（1920 年代後半、中国・上海）

第一次上海事変の大田実少佐(前列右より３人目。左隣は国吉鶴)。大田は後に沖縄戦の海軍司令官(中将)になって自決する（1932 年、中国・上海、第五大隊本部前にて）

5 上海バンドの建築群と沖縄人

二〇一〇年の四月三〇日、上海万博の前夜祭の前日に上海に入った。最近は毎年のように中国に出かけている。北京オリンピックの時もそうだったが、この一大国家イベントを現地で体験し中国のこれからの進む道を考えることは、歴史的、文化的にも関わりの深い沖縄にとって、重要なことだと思われたのである。

これからの世界は、発展し豊かになる中国の動向によって左右される「中国の時代」に入るというのが、世界の大方の見方である。沖縄は今こそ中国と連携を深め、沖縄主体の自主自立の、戦争のない平和で豊かな沖縄建設を目指すことを考えなければならないと、思うのである。

万博は、中国経済の心臓部であり、香港を超えて繁栄する上海で今後の中国の生き方、在り方を公開する場である。沖縄からも多くの人が出かけ、多面的なネットワークを築くことが望まれている。私が万博開催中の九月に一般にも呼び掛けて、上海を案内する学習の旅を企画しているのはそのためである。

沖縄人留学生の就職先

前夜祭の日は、バンド（外灘区）に中国各地から駆けつけた人々で、身動きできないほどであった。バンドとは、近代中国が、欧米や日本によって植民地同様の租界にされた土地である。今は上海のシンボルの一つであるがその中心になっているのは、列強支配の遺産ともいうべき建築群である。

もう一つ現代上海の繁栄のシンボルは、なんといってもバンドと対岸の浦東区に林立する高層建築群である。前夜祭のバンドは、この新旧中国の苦難と発展の歴史を対比して振り返り、未来に向けてのメッセージを発信するのにふさわしい舞台になったのである。

このバンドの建築群には、上海に一九〇一年に設立された東亜同文書院（のちに大学）を卒業した沖縄人留学生が就職した企業も多い。ガーデン・ブリッジ（外白渡橋）側から、関わりのある建築を探訪する。英国総領事館の左横に伊志嶺朝良（元沖縄第一倉庫会社社長）・田仲康雄の職場日本郵船があった。今は同社屋の建物はなく、その跡地にホテルなどが入居する新ビルが建つ。

この新ビルから数えて四つ目が、比嘉良行（元沖縄銀行頭取）と福地稔の横浜正金銀行（現中国工商銀行）だ。次にひときわ目立つ青いトンガリ帽子のサッスーンハウス（現和平飯店北楼）と南京東路をへだてたパレスホテル（現和平飯店南楼）から二つ目が、沖縄初の外交官になった田場盛義が、論評を寄せて注目されたノースチャイナ・デイリーニューズ（現米国友邦保険公司）の社屋だ。その左側は、安良城盛雄の台湾銀行（現招商銀行）である。

沖縄人の卒業生には、日系の金融界への就職も多い。台湾銀行の横を走る九江路には、住友、三井、三菱の各銀行が軒を並べ、四川北路との十字路を右側に行くと、富原守保（元琉球銀行総裁）の朝鮮銀行（現北京同仁堂）がある。

日本金融界の上海進出は、商社と合わせて大きく国策と関わり、中国の利権と利潤を求めてしのぎを削った。見方によっては、沖縄人も加害の負の役割を果たしていたことになる。ここでもう一度台湾銀行に戻り、隣の露清銀行（現外灘交易中心）、江海関（現上海海関）、匯豊銀行（現浦東発展銀行）などを抜けて、広東路に入る角に建つのが、前述した伊志嶺、田仲らの海運関係者の日清汽船（現華夏銀行）である。

琉球処分報じた「申報」

沖縄人の足跡はバンドだけではなく、江海関の横から入る福州路と四川中路が交わる角に、伊豆見元永の三井洋行（現福利大楼）がある。また福州路は四馬路（スマロ）とも呼ばれ、渡久地政信が作曲した「上海帰りのリル」の「夢のスマロ」は、この福州路のことである。

福州路に近い望平街には、日本国の「琉球処分」の報道に、多くの紙面を割いた新聞「申報」の社屋「申報館」がある。上海行きで不思議な縁を感じたのは、沖縄県事務所が、「申報館」

上海のバンドに林立する租界時代の建築群

比嘉良行と福地稔が勤務した旧横浜正金銀行

琉球処分について詳しく報道した新聞社「申報館」社屋

伊豆見元永が勤務した旧三井銀行

田場盛義の論評を掲載した旧ノースチャイナ・デイリーニューズ社屋

から一〇〇メートルもない漢口路の華盛大楼（ビル）に転居していたことである。「申報館」は、上海に残る琉球・沖縄問題を考える一級の史跡である。県事務所は、ぜひ沖縄からの要人らを案内してほしいものである。

　バンドから少し離れるが、日本人町と言われた虹口の黄浦江に沿った黄浦路には、前述した田場の日本総領事館内の日本商務官事務所（現黄浦飯店）がある。田場の顕彰碑が出生地の浦添市当山に建てられたばかりである。上海の沖縄人に関わる現場はまだ多い。出かけるときに寄ってほしいものである。写真については二〇一〇年五月、筆者が上海で撮影した。

（又吉盛清）

【付記　出典について】

　本章の「1　香港・アモイ領事館跡」（二〇一〇年九月九日）、「2　沖縄人外交官と福州」（二〇一〇年八月十二日）、「5　上海バンドの建築群と沖縄人」（二〇一〇年五月十三日）については、琉球新報に括弧の年月日で「中国の中の沖縄を歩く」の見出しをつけて記載した現場探訪記にいくらか加除したものである。

　同じく「3　琉球・沖縄と上海」（二〇〇八年三月十八日）、「4　上海と沖縄人兵士」（二〇〇八年三月十九日）は、沖縄タイムスに「中国・沖縄元年」の見出しで記載した現場探訪記に加筆修正したものである。

第3章　田場が発表した論文集

1　田場関係資料の発掘とその意義

田場資料については、これまで東京の国会図書館、外務省外交史料館、アジア歴史センター、東京大学研究所、東京外国語大学などが所蔵する掲載論文、新聞、雑誌、雇用・人事履歴書、学籍簿「満洲国報告書」などを収集してきた。

正直なところ、田場の仕事や業績をまとめたいと執筆を始めた時、これだけの関係資料が見つかるとは、予想もしてなかったことである。資料収集で大きな手掛かりになったのは、田場が上海商務官事務所に勤務していた頃に親しくしていた、同郷の上海同文書院を出て上海三井物産にいた伊豆見元永の手記（『沖縄初の外交官田場盛義履歴書』編集・執筆又吉盛清　文進印刷株式会社　二〇一四年）の中の次の一文である。

田場は「英語に上達し商務官事務所在籍時代に「North China Daily News」其の他支那の有力英字新聞に投稿せる論文は中々堂々たるもので同文書院教授で欧米に永く留学せる事のある英文学の泰斗坂本義孝氏は書院の学生たちに向かって君の論文を絶賛しておられた」。

田場の上海時代は一九二七年（昭和二）から一九三三年（昭和八）の六年余のことである。その後、「満洲国」の外交部に赴任することになるが、英字系の新聞、雑誌などが多い上海時代に田場は得意な語学力を発揮して多くの論文を書いて見解を披露している。最初に収集した田場の英字の論文は東京大学社会情報研究所が所蔵している「ノースチャイナ・デイリーニュース」に掲載した「日本とケロッグ・ブリアン条約」である（前出『沖縄初の外交官田場盛義履歴書』掲載）。

上海図書館の分館に当たる上海図書館除家匯蔵書楼には、田場の日本語と英語の論文がいくつか収められている。その中から本書に収録したのは、英語の上海の米国系週刊新聞「The China　Weekly REVIEW」（一九二九年一〇月二六日付）に掲載された「日中通商条約の改正」である。

論文は欧米一二カ国が中国と結んだ関税自主権承認の条約について概観し、「もし互恵的協定関税率が友好的に両国（日中）間の台等な立場に立って制定されるのであれば、それは『ギブ・アンド・テイク』の原則を行使することに大いに役立つであろう」と冷静な分析をしている。

同週刊新聞は、一九一七年（大正六）創刊の親中国的な立場を取った論評を多く掲載していた。それは多分に田場の姿勢にも通ずるものであった。編集者には後に『中国の赤い星』などを書いた米国のジャーナリストのエドガースノーがいた。田場が出入りしていた頃のことで、接点も考えられる。上海バンドに近い延安東路一六〇号には・当時の社屋が現存する。

日本語の田場論文は、東亜経済調査局発行の『東亜第五巻第九号』（昭和七年九月一日）掲載の『中国発両改元の動向』、同じく『東亜第六巻第三号』（昭和八年三月一日）掲載「最近に於ける列国の対支投資」、『東亜第六巻第五号』（昭和八年五月一日）掲載「日支関税協定はどうなる」である。

田場論文は、当時トップを行く機関誌の『東亜』に中国経済の問題点や課題について各分野の状況を、多面的に分析して情報を提供する主要論文であった。それがまた日本の中国支配を進めるものに活用されたことは、忘れることができないものである。

第六号第三巻に名を連ねる書き手の山本美越乃は、明治・昭和前期の経済学者である。京都帝国大学教授としてもよく知られ、その植民地政策論は多大な影響を与えている。もう一人の木村増太郎は、京都帝国大学出身の経済学者で、その「東亜経済政策」論は岩波書店から出版されている。その他に蒙古語の大事典を編集した下永憲次がいる。

このように見てくると、田場は中国研究の経済学者として、全国的にその実力を発揮していたことになる。当時の沖縄人でこの分野の研究者は皆無であり、これらの論文は田場の沖縄における先駆者としての地位を確かなものにするものである。

（又吉盛清）

英文の田場論文と関連資料などが所蔵されている上海図書館（2012年）

東京麻布台の外務省外交史料館正門。田場関連史料が多く所蔵されている（2013年）

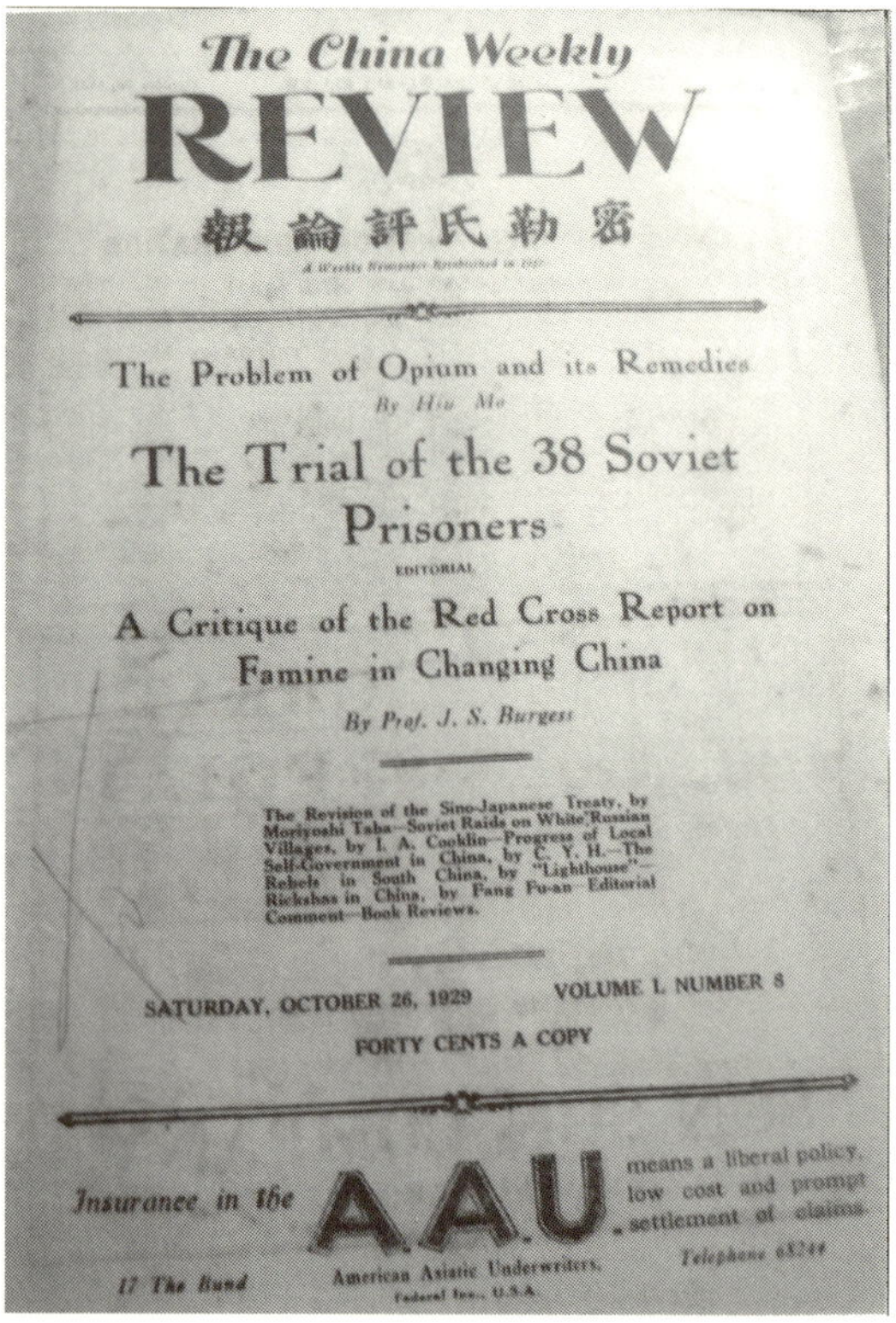

The China Weekly

REVIEW

密勒氏評論報

The Problem of Opium and its Remedies

By Hsu Mo

The Trial of the 38 Soviet Prisoners

EDITORIAL

A Critique of the Red Cross Report on Famine in Changing China

By Prof. J. S. Burgess

The Revision of the Sino-Japanese Treaty, by Moriyoshi Taba—Soviet Raids on White Russian Villages, by I. A. Conklin—Progress of Local Self-Government in China, by C. Y. H.—The Rebels in South China, by "Lighthouse"—Rickshas in China, by Fang Fu-an—Editorial Comment—Book Reviews.

SATURDAY, OCTOBER 26, 1929 VOLUME L NUMBER 8

FORTY CENTS A COPY

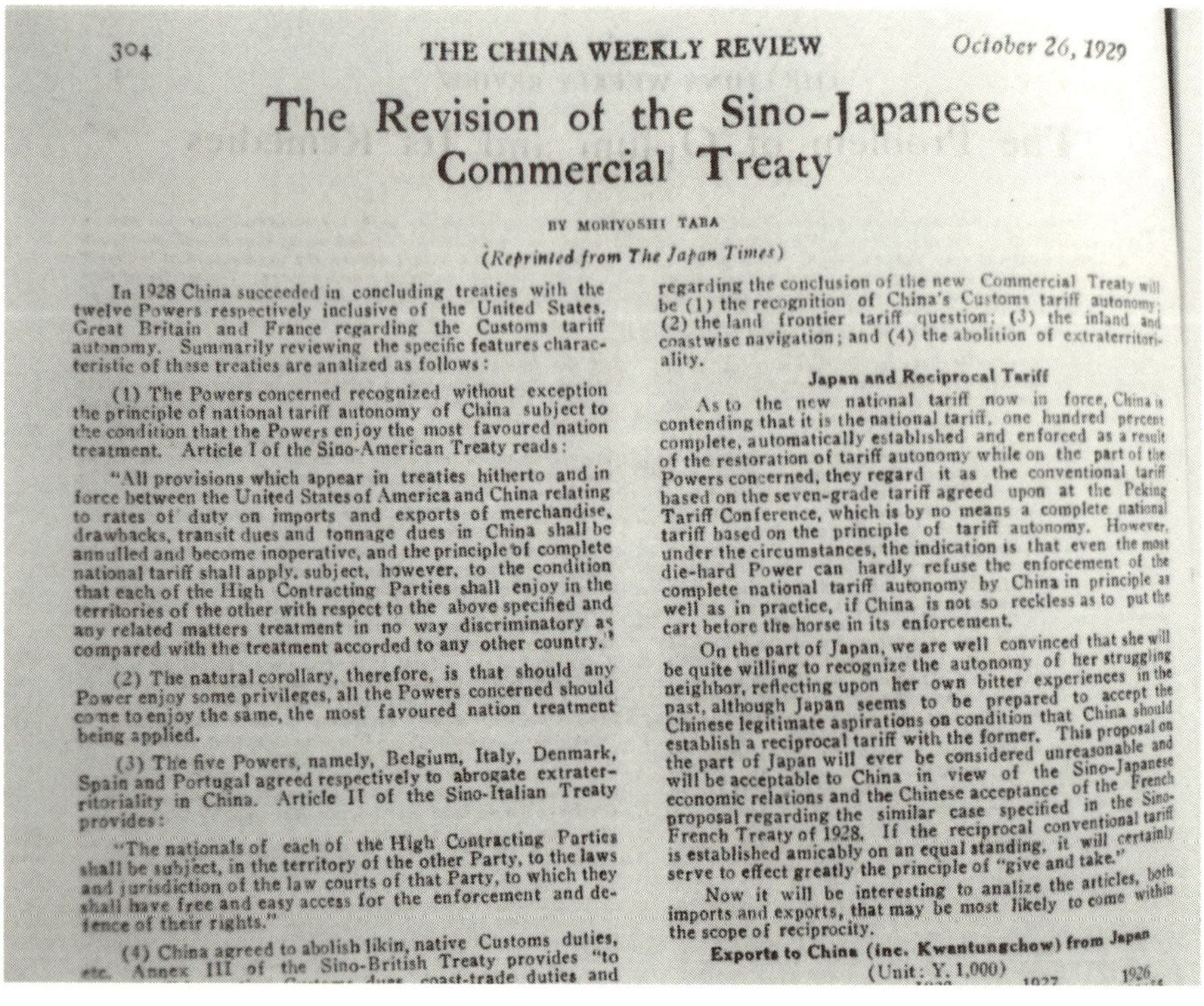

304 THE CHINA WEEKLY REVIEW October 26, 1929

The Revision of the Sino-Japanese Commercial Treaty

BY MORIYOSHI TABA

(Reprinted from The Japan Times)

In 1928 China succeeded in concluding treaties with the twelve Powers respectively inclusive of the United States, Great Britain and France regarding the Customs tariff autonomy. Summarily reviewing the specific features characteristic of these treaties are analized as follows:

(1) The Powers concerned recognized without exception the principle of national tariff autonomy of China subject to the condition that the Powers enjoy the most favoured nation treatment. Article I of the Sino-American Treaty reads:

"All provisions which appear in treaties hitherto and in force between the United States of America and China relating to rates of duty on imports and exports of merchandise, drawbacks, transit dues and tonnage dues in China shall be annulled and become inoperative, and the principle of complete national tariff shall apply, subject, however, to the condition that each of the High Contracting Parties shall enjoy in the territories of the other with respect to the above specified and any related matters treatment in no way discriminatory as compared with the treatment accorded to any other country."

(2) The natural corollary, therefore, is that should any Power enjoy some privileges, all the Powers concerned should come to enjoy the same, the most favoured nation treatment being applied.

(3) The five Powers, namely, Belgium, Italy, Denmark, Spain and Portugal agreed respectively to abrogate extraterritoriality in China. Article II of the Sino-Italian Treaty provides:

"The nationals of each of the High Contracting Parties shall be subject, in the territory of the other Party, to the laws and jurisdiction of the law courts of that Party, to which they shall have free and easy access for the enforcement and defence of their rights."

(4) China agreed to abolish likin, native Customs duties, etc. Annex III of the Sino-British Treaty provides "to ... Customs dues, coast-trade duties and

regarding the conclusion of the new Commercial Treaty will be (1) the recognition of China's Customs tariff autonomy; (2) the land frontier tariff question; (3) the inland and coastwise navigation; and (4) the abolition of extraterritoriality.

Japan and Reciprocal Tariff

As to the new national tariff now in force, China is contending that it is the national tariff, one hundred percent complete, automatically established and enforced as a result of the restoration of tariff autonomy while on the part of the Powers concerned, they regard it as the conventional tariff based on the seven-grade tariff agreed upon at the Peking Tariff Conference, which is by no means a complete national tariff based on the principle of tariff autonomy. However, under the circumstances, the indication is that even the most die-hard Power can hardly refuse the enforcement of the complete national tariff autonomy by China in principle as well as in practice, if China is not so reckless as to put the cart before the horse in its enforcement.

On the part of Japan, we are well convinced that she will be quite willing to recognize the autonomy of her struggling neighbor, reflecting upon her own bitter experiences in the past, although Japan seems to be prepared to accept the Chinese legitimate aspirations on condition that China should establish a reciprocal tariff with the former. This proposal on the part of Japan will ever be considered unreasonable and will be acceptable to China in view of the Sino-Japanese economic relations and the Chinese acceptance of the French proposal regarding the similar case specified in the Sino-French Treaty of 1928. If the reciprocal conventional tariff is established amicably on an equal standing, it will certainly serve to effect greatly the principle of "give and take."

Now it will be interesting to analize the articles, both imports and exports, that may be most likely to come within the scope of reciprocity.

Exports to China (inc. Kwantungchow) from Japan

(Unit: Y. 1,000)

田場が英文で寄稿した上海の米国系週刊新聞の表紙と本文（1929 年　上海図書館所蔵）

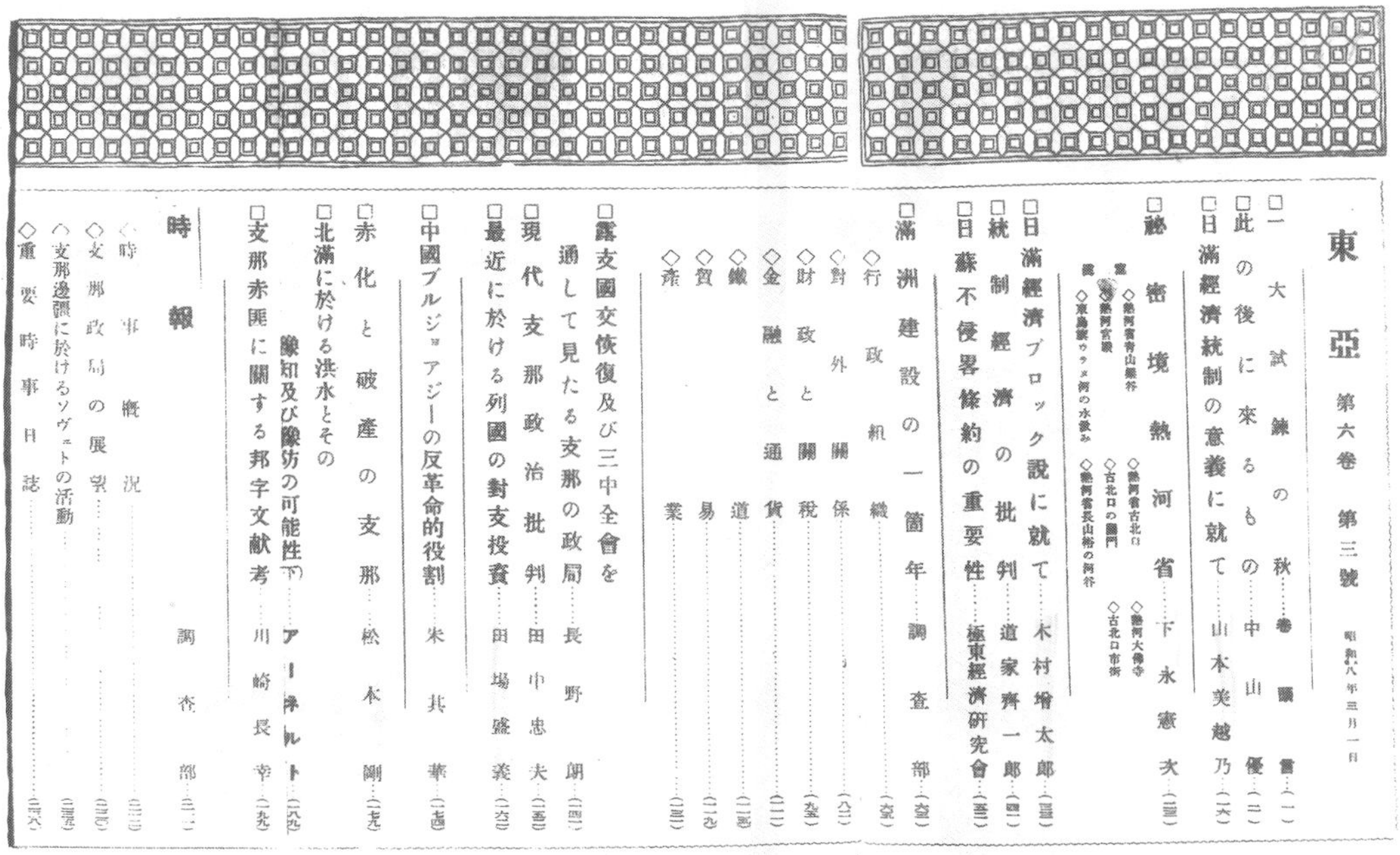

東亞 第六巻 第三號 昭和八年三月一日

時の中国研究者に伍して論文を寄稿している田場盛義（1933 年　上海図書館所蔵）

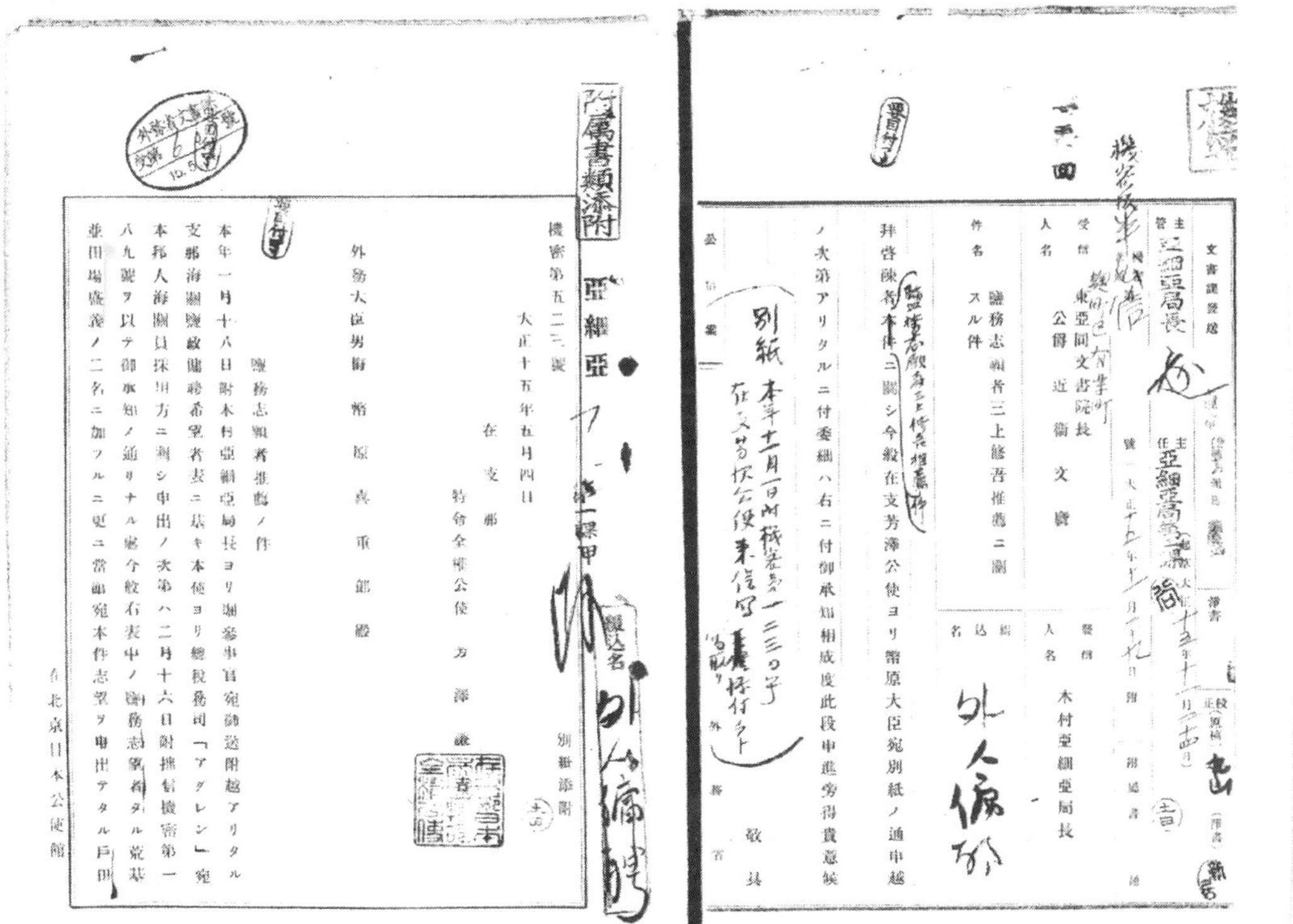

機密第五二三號
大正十五年五月四日
在支那 特命全權公使 芳澤謙吉
外務大臣男爵 幣原喜重郎殿
海務志願者推薦ノ件
本年一月十八日附木村亞細亞局長ヨリ堀參事官宛御送附越アリタル支那海關[illegible]希望者表ニ基キ本使ヨリ總稅務司「アグレン」宛本邦人海關員採用方ニ關シ申出ノ次第ハ二月十六日附拙信機密第一八九號ヲ以テ御承知ノ通リナル處今般右表中ノ海務志望者タル荒基並田場盛義ノ二名ニ加フルニ更ニ當館宛本件志望ヲ申出テタル戶田
在北京日本公使館

文書課發送
主管 亞細亞局長
受信人名 東亞同文書院長 公爵近衞文麿
件名 海務志願者三上修吾推薦ニ關スル件
發信人名 木村亞細亞局長
拜啓陳者本件ニ關シ今般在支芳澤公使ヨリ幣原大臣宛別紙ノ通申越ノ次第アリタルニ付委細ハ右ニ付御承知相成度此段申進旁得貴意候
敬具

田場が外務省を離職した後、次の就職先に送付した機密の推薦依頼の公文書（1926 年　外務省外交史料館所蔵）

2 論文集

（1）中華週間レビュー　一九二九年（昭和四）一〇月

「日中商務協定の改正」

田場盛義
（ジャパン・タイムズより転載）

一九二八年に中国は米国・英国・フランスを含む十二の列強国との間でそれぞれに関税自主権に関する協定を締結することに成功した。これらの協定の特徴をかいつまんで説明すると以下の通りとなる。

（一）関係列強諸国は、中国から最恵国待遇を受けることを条件とした上で、例外なく中国の関税自主権の原則を認めた。米中間協定の第一条によれば「本協定締結以前に米中の間で締結された中国国内に於ける商品の輸出入に懸る関税、関税の戻し税、輸送税、及びトン税の税率に関する全ての条項は無効とし、完全国内税率（訳注　中国が独自に設定した税率）を適用する。但し、協定調印国は、上記に特定された税及び関連する事項について、協定調印国のどの国に於いても然るべき待遇を受けること、また、他国への待遇と比べ差別的な待遇を受けることがあってはならない。」としている。

（二）故に、当然の帰結として、列強の一ヵ国が特権を享受するのであれば、他の関係列挙諸国も同様の特権、つまり最恵国待遇、を享受するものである。

（三）以下の五列強国、ベルギー、イタリア、デンマーク、スペイン、及びポルトガルはそれぞれ中国に於ける治外法権を放棄した。伊中間協定の第二条では「協定調印国の国民は、調印相手国の国内に於いては、調印相手国の法律と法廷の判断に従うこととする。尚、調印相手国の法廷では個人の権利に基づいた主張と弁明が自由且つ容易にできるものとする。」としている。

（四）中国は釐金税、内国関税等の廃止に同意した。英中間協定の第三条では「輸送時・到着に徴収される輸入物品に係る釐金税、内国税、沿岸貿易税その他の全ての税を廃止すること。」とし、更に「中国側が新たに定めた関税率またはその後の改定で定めた関税率にて海関税に於いて一旦輸入税が支払われた物品については、上記の釐金税、内国税等如何なる税の徴収も行わないものとする。」としている。

（五）中国国内全ての内陸部・沿岸部の国境に於いて課税される関税の統一。英中間協定の附則第四条においては「中国国内全ての内陸部及び沿岸部の国境に於いて中国側が新たに定める関税率を適用すること、また、現在中国国内内陸部国境に於いて徴収されている内国関税等については、新関税率の施行日よりこれを廃止すること。」と定めている。

中国に於ける現行の関税についての詳細は以下の通り。

（1）品目：78品目を12のグループに類別

（2）関税率：7・5%〜27・5%

（3）平均関税率：12・5%

（4）上記78品目以外の物品にかかる関税率：12・5%

（5）継続適用期間：1928年2月1日から約1年間

日本が関係列強諸国の中において唯一中国の関税自主権を認めていないこと、実際は日本以外の列強国に対する最恵国待遇は中国側が関税における主権を確立できなくさせているのであるが、また、通商協定の改定を行うための日中間協議が近々行われる見通しであることを考慮すると、現在日本側及び中国側による協定改定についての動向は、列強諸国によるものと同様、非常に注目されていると言える。

本年一月に日中両国の全権大使間で交わされた覚書の中では中国の関税自主権について何の表明もされてはいないものの、本年2月1日（訳注　1929年2月1日）より施行された現在の中国側による関税率について、中国側が自国の関税自主権について保留の態度を示したにも関わらず、日本側がそれを認めたことはほぼ明らかである。

よって、近々開催される日中間協議において、日中通商協定の締結に向けて協議される議題は（1）中国側による自国の関税自主権の承認、（2）中国内陸部国境に於いての関税について、（3）中国内陸部及び沿岸部での航行、（4）治外法権の廃止と考えられる。

日本と互恵的関税について

現時点において施行されている関税についてであるが、中国側はこれを関税自主権の復活により自動的に確立された100%中国側による国税としての関税、と捉えている。一方、協定調印国である列強諸国はこれを北京関税協定において決議された7階級関税に基づく協定による関税、つまり、自主関税権の原則に基づいた中国という国の完全なる国税としての関税では決してない、との認識である。しかしながら現状況下において、中国が非論理的な振る舞いを見せるような思慮の浅いことをしない限りは、中国の完全なる国税としての関税の、自主権の施行が実際であるのと同時に原則であることは最も強硬姿勢を取る列強国であっても動かし難い事実である。

日本としては、日中間の互恵的関税を設定すべしとの中国側のまっとうな希望を受け入れる用意はあるものの、自身の過去の苦い経験を踏まえ、悪戦苦闘中の隣国の自主権を喜んで認めるだろうことは確実である。この提案は、日中の経済的関係及び一九二八年締結の仏中間協定においてフランス側からの類似提案を中国が受け入れたことを考慮すれば、日本側から見ると実情にそぐわないものであり、中国にとっては容認できるものである。

もし互恵的関税が友好的に且つ対等に設定されるのであれば、それは間違いなく両国間のギブ・アンド・テイクの関係に非常に貢献するものとなろう。

さて、互恵的貿易の対象になり得る輸出入品目についてここで分析するの

日本から中国（広東省を含む）への輸出　（単位：1.000 円）

	1928 年	1927 年	1926 年
綿織物（薄手）	173,570	136,343	195,655
絹織物（薄手）	5,769	2,115	2600
白糖	35,330	27,078	33,241
紙	19,730	14,473	14,629
鉄製品	5,937	5,072	6,432
海産物	7,392	9,152	13,424
陶器	3,544	2,783	3,614
セメント	350	731	1,397
帽子・キャップ	2,250	2,059	3,073
	………	………	………
合計	234,072	199,808	274,065

中国から日本への輸出　（単位：1,000 円）

	1927 年	1926 年	1925 年
灰色綿糸	1,296	331	205
絹生糸	1,426	1,047	1,158
生卵	4,240	4,842	4,463
牛・羊・豚肉他	3,761	2,817	1,968
	………	………	………
合計	10,800	9,216	8,084

も面白いであろう。

上記の表によれば、日本から中国に輸入される品目は、中国から日本へ輸入される品目の数量・価格において大きな相違がある。中国から日本への輸入と日本から中国への輸入は著しく不均衡であることが一目瞭然であり、それは中国から日本に輸入される品々のほとんどが農産物や原材料であることに起因する。農産物や原材料は日本では輸入税が非課税であるのに対し、日本から中国に輸入される品の大半は課税対象の工業製品となっているからである。

しかしながらこの事実、上記の両国間の輸出入品が両国の大多数の人々にとって不均衡な形で市場に出回っているこの事実を考慮に入れると互恵的な協定による関税率の設定は十分に正当なものである、と我々が強く主張できる根拠となるのである。厳密に言えば、日中両国民の実際需要に最も見合った輸出入品目の設定については、これから両国の全権大使による公正且つ率直な交渉が必要であり、まだまだ議論の余地のあるところである。（原本は英語、翻訳者は都合により秘す）

中国と関わる近代の沖縄関係の文献資料の本格的な調査・研究は進んでなく、今後の課題である。上海図書館で田場論考の英文資料を前にして又吉盛清編者（2012 年）

「中国廃両改元の動向」

上海　田場盛義

（一）

支払団体としての国家権力の統一なきところに幣制の統一を望むことは困難である。中国に於ける幣制の多元的にして不統一且つ分散的であるのは中国政治機構の封建的にして国家権力不統一の反映と見られる。

最近南京上海を中心として再燃した廃両改元問題を目し中国一部の論客は現下全く無統制乱脈状態にある中国の幣制を一元化し先ず地方的にして分散的なる中国の経済機構の基礎工事に大変革を加え対蹠的各省の金融経済に流通自在の大気を誘導し斯くて各省に於ける虚無的産業の統制に便ならしめ漸次中国を打って一丸とする経済的中央集権の実を挙げ得べく廃両改元は必然的に国家権力の統一を将来する一大動力となるであろうと論ずる向きもある様であるが経済機構が宿命的に政治機構の重圧下に悩み抜いて居る中国に於て論者の唱うるが如く中国の幣制統一は果して可能性を有するものであろうか又仮令幣制統一が可能性を有するものと仮定しても幣制統一が国家権力の統一に迄到達するものであろうか、これは現下混沌たる中国の政治的乃至経済的苦悶の生み出した大なる逆説でなければならぬ。

（二）

廃両改元問題は中国財界多年の懸案である。廃両改元を以て幣制統一を企図した北京政府は民国三年二月八日国幣条例（十三ヶ条）並国幣条例施行細則（十一ヶ条）を公布し各省各地に乱舞流通せる相異る銀両及び銀元を総て新国幣によって代置統一し租税公金の徴収授受は新国幣を以てすべきことを屡々布告したのである。然るに之等の条例布告は例によって儀容三千、単に一片の紙屑に化した、越えて民国六年上海を中心として廃両改元問題が喧しく論議せられたが竜頭蛇尾に終った、次で民国八年六月上海銀行公会上海銭業公会は建議して墨銀を本意とする銀元市価の統一に成功したのであるがグレシャム法則の作用を招致し良貨は市井より逃避した、更に民国十年全国銀行公会連合会は天津銀行公会の提議により廃両改元の議を政府に陳情したのであるが功を奏せず次で民国十二年上海に於ける金融恐慌に際し上海銀行公会は上海銭業公会に対し銀両と銀元との二重準備の不便なるを理由として銀元一元を九八規銀七銭二四六三七一として流通せしむべきことを提議したのであるが銭業公会は銀元の純分不足を盾にとり銀行公会側の提議に反対した為めこの計画も水泡に帰した、越えて民国十三年春全国銀行公会連合会を開催し全国造幣廠に於ける銀元の濫鋳及び銀元の純分減鋳防止案を議決し極力廃両改元の基礎工事に向って努力したが何等見るべき実績なく最近に於ては民国十七年全国幣制統一の大旗を掲げて財政経済会議相継で招集せられ廃両改元問題を議し新興国民政府の意気冲天の勢を示したが中央造幣廠開工も無期延期となり荏苒今日に至ったのである、然るに或る論者は今回の廃両改元を重大視し従来の廃両改元提唱は単に幣制金融問題に発足したものであるが今回のそれは実に幣制問題以外更に一般社会問題の加重して居る事実を強く認識せなければならぬと唱えて居る、即ち往年来銀暴落の大圧力を受けた中国消費大衆は昨夏来大水災、満洲上海事件等により経済戦線に未曾有の異状を受け更に又最近銀両の暴騰銀元の惨落に見舞われ殆んどブレッド・ライン以下に陥没しその結果必然的に中国の心臓地帯に巣食って居る共匪の跳躍を激成したのであるから今回の廃両改元の提唱は単に政権者流と一部御用党のブルジョアジーとの合作によるばかりでなくこの運動の背景には実に飢餓線上に乱舞せる中国四億のプロレタリアートを控えて居るというのだから問題は益々拡大化の傾向を有って居るかに観える。

（三）

頃日国民政府財政部長宋子文氏は上海財界の有力者胡孟嘉李馥蓀、貝淞孫氏等を銀行倶楽部に招致し廃両改元問題に就き討議したが引続き廃両改元研究特別委員会を組織し（中央銀行副総弁を委員長とし七名の委員を任命す内三名は外国人なる由伝えらる）外に上海総商会、上海銀行公会、上海銭業公会の代表を参加せしめ廃両後通貨たるべき新銀元の様式、品位、重量等の決定、廃両改元に際し採用すべき銀両対銀元換算率、廃両改元の財界に於ける効果宣伝方法等に就き熟議を凝したる趣報道され居る位にて政府当局も可成真剣に該問題を講究して居る様であるが他方各方面財界リーダーの意見に徴するも徐寄廎氏は「実行期尚未規定大概亦不遠耳」李馥蓀氏は「政府業既経決定廃両用元銀行界対於此事当然賛同且希望於最短期内実現」林康侯氏は「廃両改元於金融界方面獲益非尠」秦潤卿氏は「改用洋本位銀行有益当然賛成銭荘亦無多大損益自可表示同意」王暁籟氏は「改元問題本会極端賛成」と語り何れも廃両改元問題に賛意を表して居るが、大体政府当局は該問題をリードし新式銀行業者は政府に追従し居るも廃両改元後各自発行紙幣を如何に処理するのかが頭痛の種子で幣制統一後は紙幣発行を単に中央銀行銀行のみに委せず一般商業銀行の紙幣発行をも認むべしとの意見を有し居るが如く又一般実業界は政府に和し居る様であるが銭荘業者は原則として廃両改元に賛成しては居るものの該問題実現かの暁には一般銭荘業者は存在理由解消する運命に遭遇するので表面上に於ては兎も角裏面に於ては銀元の品位重量を云々して廃両改元を遷延せしめ様とする魂胆を有するが如くに窺える。他方中国に於ける外国銀行側の態度移管を観測するに従来外国銀行側は銀元の純分不足を盾に現在の造幣廠の濫鋳状態が改善されない限り廃両には反対の態度を採って来たのであるが、現在に於ても原則としては兎も角事実問題に直面しては反対態度を持するであろう、外国銀行側の立場を考慮するに外国銀行側が廃両改元を承認するに至れば中国側の悪貨濫鋳より来る損害の一部分を負担する様な破目に陥り又現在の銀両による取引は煩雑ではあるが確実であるから寧ろ現状維持を以て得策とするであろう。

(四)

上述の通り廃両改元問題の波及する範囲は頗る広く且つ各界の利害関係も一致を欠く、それにも不拘廃両改元は現下中国の輿論であり従て現下を以て該問題解決の最好機会とするのである、論者は主張する、(一)本年六月中上海在銀元高約二億三千万元台に達し未曾有の最大レコードを作り近代稀なるインフレーション時代を現出した従て従来廃両改元の一障碍となって居た通貨不足の如きは最早や問題でない又上海中央造幣設備も完成し毎日銀幣四十万元の鋳造能力を有して居るから銀幣の供給は充分に出来る、(二)現下銀元市価低落して銀元百元に対し銀両六九両台で今年春頃に比し約三両も落込んで居る従て銀両換算率を規定するにあたり銀元保有者と銀両保有者の妥協は附き安い、(三)銀両換算率を規定するにあたり現下の銀元市価に銀元鋳造費を加算したるものを以て標準とせば之が換算率は毎銀元一元は規定七銭前後となるが更に上海規定一一一・四を以て海関両一両として換算すれば海関両一両は銀元一元五角九分一厘見当となり海関収入に損失を来す虞れはない、(四)上海中央造幣廠組織完備し造幣権を同廠に集中掌握せしむれば品位重量等確実均斉となり更に之は問題とするに足らない。

以上は単にテクニカルの見地より見て現下を廃両改元問題解決の最好機会とするのであるがテクニカルの問題中でも銀両換算率の決定はその波及するところが極めて大きいので難問とされて居る。即ち中国新式銀行、銭荘、外国銀行側が斉しくこの問題を注視して居る所以である、然し廃両改元問題は単にテクニカルの見地から見て解決さるべき問題ではない、更に大きな政治的視野から検討さるべき問題である、然らば政治的視野から見た廃両改元問題は如何というに、之が解決は頗る悲観的である、即ち大体次のことが考慮される。

(一)廃両改元を実行するとせば国民政府当局は現在流通せる純分不足の銀元銅元全部を回収し之に代置するに新造銀元を以てせねばならぬ之には莫大な資金を必要とする

(二)国民政府自身が借款又借款で政費軍費の支出に火の車を廻わして居り幣制統一に要する資金などはどこを叩いても出る筈はないが現在内債十億元以上も背負い込んで居る実情に鑑

み幣制統一のためとは云えこれ以上莫大の内債を起すことは困難である

（三）転落せる国民政府の対外信用を以てしては外国債を起すことは尚お更困難である

（四）廃両改元に際し代置すべき新銀元を鋳造するにあたり現下財政的危機に瀕せる国民政府が造幣権を濫用して純分不足の悪貨を鋳造しないとは誰れか保証し得よう

（五）

由是観中国廃両改元運動の最大障碍をなすものは窮局に於て近代的国家主権の不確立である、而して近代的国家主権の確立せざるところに慢性的財政の窮乏と破綻があり財政の窮乏と破綻とは封建的政治機構と平面的分散的経済機構の下にある中国に於ては政権者流に依る通貨の濫造を不可避のものとする。

従来中国の政治は封建軍閥に左右せられて従て大中小軍閥の出頭没頭により国家主権の所在は不絶動揺し時には全く行衛不明になり星雲混沌状態に陥ることも屡々あったが兎に角政権の動揺に伴い名目上中央政府の監督下に置れた各地造幣廠は中央権力薄弱に乗ずる地方軍閥の私的機関として濫用され彼等の政費軍費の請負者たるの地位に転落した従て造幣廠長は軍閥の頤使に甘んじて彼等の政費軍費を捻出する外自己の投資した買官資金回収を図るため造幣利益を上ぐることに没頭したのであるが斯くの如き軍閥の搾取機構の下に於ては造幣廠は必然的に造幣純分を低下し軽量悪貨を濫造せねば立行けないのであった、積弊茲に極まり今月中国全土をあげて悪貨の跳梁時代を演出したのである、他方広袤四百三十万平方哩人口四億を誇る中国は各省各地方産業経済金融事情を異にし各種の経済団体が対立して居るので所謂秤量貨幣たる銀両も各地各様の様式量目を有するに至り其の種類全国を通じて実に七十余種の及んで居るといわれて居る。

試みに現在中国に行われて居る銀元の種類品位重量等を検べて見ると左の通りである。

種類	品位	重量	純銀量
墨銀	九〇一・六四七	四一七・三九四（グレーン）	三七六・二（グレーン）
竜洋	九〇一・五	四一七・二四五	三七六・一四六
袁弗	八八四・四	七・一六五匁	六・二三六匁
孫弗	八八八・六	七・一四六匁	六・二五匁

（右数字は必しも一定せるものではなく各銀元大体の平均数字）

次に各地造幣廠鋳造銀元の純分を比較せば左の通である。

地名	年代	総量（庫平両）	純銀（庫平両）
広東	光緒	〇・七二四五	〇・六五四〇
湖北	〃	〇・七二二六	〇・六五三〇
〃〃	宣統	〇・七二六一	〇・六五四七
江南	光緒	〇・七二四六	〇・六五三八
直隷	〃〃	〇・七二八九	〇・四六九二

奉天	〃	〃	○・七二四七	○・六二○七
吉林	〃	〃	○・六六八八	○・六一七八
四川	〃	〃	○・七一七九	○・六四三七
安徽	〃	〃	○・七二三九	○・六四七七

尚お各地の銀両純分量を示せば左の通りである。

海関両	一・二○六六五オンス
牛荘	一・一二一一○
厦門	一・一八五八九
寧〔?〕波	一・一四○一七（※寧波と思われる）
広州	一・一八二三二
南京	一・一七三五一
煙台	一・三四二三
北京	一・一五六一二
鎮江	一・一五八四五
汕頭	一・○九五四六
福州	一・○九六九六
太沽	一・一九三四○
漢口	一・一○九五六
上海	一・○八三二二
膠州	一・一四九一八
天津	一・一四九一八

右に徴しても中国が如何に複雑せる幣制に悩まされて居るかを窺知するに足るのである、之はまさに銀元銀両の唐草模様であり変化極まりない万華鏡ではある、而して国民政府がこの錯節せる幣制を統一し果して好く多年の懸案たりし廃両改元の実をあげ得るか否かは現在国民政府の実力に鑑み非常に疑問視されて居る。（昭和七—七—二九）

（3）東亜第6巻第3号　一九三三年（昭和八）三月

「最近における列強の対支投資」

田場盛義

一、資本主義への転化と外資

欧米並に日本を含む帝国主義列強による経済支那の克服は如何なる過程に行われたか、吾々は現下の経済支那を分割する帝国主義列強が支那資本侵略の分野に於て如何に尖鋭に対立せるかを少しく具体的に検討する前に帝国主義列強がその最高度の発展段階にある剰余資本を全局的に動員して「亜細亜的生産時代」に深く埋没した支那を現下の資本主義過程にある支那に転化した跡を少しく顧る必要を認める。

支那の外資借款は大体之を五期に分けて考察することが出来る、外資借款の記録を辿れば第一期借款時代は一八六五―一八九三年間でこの期間に於ける借款額の約八割五分は英国より起債されこれが使途は主として賠償金支払、伊犁台湾平定軍事費、新式海軍建設費等に充てられて居る、第二期借款時代は一八九四―一八九九年間でこの期間に於ける借款は殆んど日清戦争費並賠償金として使用せられて居る、又この時代に二つの鉄道借款が起された、第三期借款時代は一九〇〇年の団匪事件を契機として始り数多の鉄道電信借款が起された、又一九一一年清朝没落中華民国創生に至るまでには二つの政治借款を見た、民国創生以後一九二〇年迄は第四期借款時代に属し数多の政治並鉄道借款が日本より起された、この時代は借款の黄金時代とも称すべく一九一三年前後借款成立まで数多の借款が欧州列強より起され又それ以後新借款団成立迄の期間に多くの借款が日本より起されて居る、一九二〇年以後現在迄が第五期借款時代でこの期間は外資借款の凋落時代で事実新借款団成立以来何等積極活動は見られない。

上述の如く前資本主義制度の下に幾世紀の永きに亘り沈淪せし支那が列強資本主義の洗礼を受けながら殆んど半世紀以上を経過した、この間支那は国民党ブルジョア革命を契機として支那自体のブルジョァジィの高利資本と商業資本を以て前資本主義時代の社会経済機構の変革にもがいたこともあるがこれは勿論外国資本の拍車を受けずしては不可能事であった、即ち支那の資本主義への転化過程は支那自体の土着資本の上昇膨張に基くものではなく帝国主義列強の剰余資本の権力に帰因するものである、従て近代支那の資本主義への転化は中国国民党ブルジョア革命者達が好むにせよ好まざるにせよ事態は支那産業の列国資本主義への降服と又支那が政治的に経済的に帝国主義列強の半植民地へ転落することを意味することになる、更に又支那ブルジョア革命期に於ける資本主義の発展過程を特徴づけるものは支那がエジプト、印度、印度支那、比島等の如く或る一つの特定帝国主義国によって植民地化されたのではなく幾多対立する諸列強によって半植民地化されたのであるから支那に蟠踞せる諸列強は各々自己の勢力範囲を作り自己に接近し来れる支那の買弁的全支配階級たる官僚資本家、官僚インテリ、土豪、銀行財閥、商工業資本家等を結合合作することにより支那の産業を支配し獅子の分前を取ることになる、従てこの事態が必然的に結果することは競争列強の尖鋭的対立と支那ブルジョアジィ自体の分裂化である、茲に吾々は現代支那資本主義過程の全世界に類例なき多面性と複雑化を見る。

而して斯くの如き支那の外国資本隷属並必然的に結果する政治的危機に対し支那共産党左翼陣営から国民党ブルジョア革命の全般的抹殺論が唱えられ又国民党ヘゲモニーに対する戦闘的抗議として支那共匪の限りなき跳躍がある。然しそれにも不拘支那資本主義は以党治国の国民党ブルジョアと外国資本との結合によって何れはその到達するであろうゴールに向って牛歩を進めざるを得ない、これが見透しは左の事実によって之を要約することが出来る。

一、国民党ブルジョアは「自己保全」上何よりも先ず資本主義を死守せねばならない、即ち消極的にはブルジョア政客自身の保全策として更に又積極的には支那産業開発のカムフラージュに於て資本主義は最大効果あげる武器である。

二、外国資本主義列強は支那を以て資本主義最高度発展のためにリザーブされたる世界中唯一のポテンシャル・マーケットであると重大視して居る。

二、国民党ブルジョアと外資輸入

然らば国民党ブルジョアは支那産業開発のカムフラージュに於て外資輸入に対し如何なる態度を持して居るか。

中国国民党中央政治会議は一九二九年三月孫文の中国実業建設方策に拠り支那産業開発のため外資輸入上の指導原則として左の事項を可決した。

一、外資輸入取極が中国の主権を侵害せざる限り国民政府は外国と借款契約をなす外政府並外商共同出資を以て中国建設事業を起すことを得、但し建設事業の具体化に就ては之を商事会社に委す。

二、次に国民政府又は中国商経営にかかる会社は該会社に外商の投資を許可し又は出資共同経営に当ることを許可す。但しこの場合には

(イ)中国側持株は総資本高の五割一分以上とす
(ロ)会社理事数は中国側理事を以て多数とす
(ハ)首席理事並会社総弁は中国人より之を任命す
(ニ)会社は中国法律の適用を受く

上述中央政治会議に参加した国民党要人中には当時の国民政府鉄道部長孫科、工商部長孔祥煕、交通部長王伯群、農鎮

〔?〕部長易培基氏等を網羅したが彼等は上述の指導原則に拠り外債を起し実業投資を奨励して得たる外資をあてこみ彼等の所管する各産業部門に属する基礎産業工廠――例えば石炭、鉄、石油、鋼鉄、セメント等の如き――設立を企図する旁他方政府企業と利害衝突せざる精糖、曹達工廠等は民間企業奨励のためこれを民間企業者に許可する方針を採った。爾来上海南京を中心として外資輸入に関し従来に於ける外資輸入策とはその内容若は形式に於て全く異なった種々の外資輸入策が論議せられた、これは明白に時代を反映したものである。

一、現在国民政府が内国債を起す場合に適用せられて居る資金保管委員会制度を外債を起す場合にも適用すること、即ち国民政府が外債を起す場合には政府の任命にかかる外支人より組織せらるる資金保管委員会を組織し政府は外債を該委員会を通じて借入れ直接外債を起さざること、この方法は最も確実なもので有力なる財界方面より提唱せられた。

二、外資を支那側経営鉱山に投資する場合には投資財団に於て技術上の問題は凡て之を管理監督すること、同様の方針を電気其他各種公共土木事業にも及ぼすこと、

三、銀塊の現物借款を起すこと、この方策は嶄新のもので幾年来銀価暴落に伴い支那産業開発の目的を以て米国より銀塊借款を起すべく国民政府某外国人顧問が国民政府に提議し自ら米国に渡り大いに奔走したることあるも其後沙汰已みとなった。

四、最後に最も面白い借款形式は支那が不断に外国より輸入する重要商品例えば米、麦粉、小麦、織物類、五金類等を商品のまま借入れようとすることであるがこの方策は商品過剰に悩み抜いて居る資本主義列強を利すると同時に支那の為替暴落調節上非常な効果をあげ得るのみならず他方銀価上騰の誘因となる、而してこの方策を実行すれば資本主義列強政府は自らの過剰生産融和のため嘗て英仏両国が労農露国に対して行った輸出信用保険制度を採用しこの種重要物資の輸出を援助すべく他方支那側に於ては中国銀行各種商工業団体何等かの形式に於てこの方策を助長するであろう。

然るに局面は如何に転回したか、国民党ブルジョァの慌しいジャズと彼等を取囲く政治的請負業者の暗中飛躍にも不拘資本主義列強投資財団は踊らなかった。これが理由は左の如く要約される。

一、内的理由

（イ）支那の慢性的政局不安動揺のため列強が対支那投資に非常なる不安を感じたること

（ロ）輸入外資の大部分は建設事業に使用せられ居らざること

（ハ）内債の濫発

二、外的理由

（イ）世界的赤字旋風時代

（ロ）米国が対欧州戦債取立に困憊し他方比島独立問題を控え対支借款投資進出の余裕なきこと

（ハ）英国を初め欧州列強の経済的危機

（ニ）日本は満州国創生を契機として対支投資活動の清算時代にあること

斯くて一九三〇年前後以来帝国主義列強の対支投資活動は全面的に総退却の姿となり往年華かなりし支那の投資市場は秋風落莫の惨状を呈するに至った。只この間申訳的に少数列強の補足的活動を見るに過ぎなかった、従て吾々の最近に於ける列強の対支投資展望も勢い補足的に止らざるを得ない。

三、対支投資の展望

日本、一九二八年末現在小田切氏の調査に拠れば日本の対支投資（満州を含む）は左の通りである

経済投資	
一般商業	一六二、八六〇、〇〇〇〔円〕
製造業	一四四、九四一、〇〇〇
銀行并信託	二五六、三三二、〇〇〇
鉄道、運輸、倉庫	六五〇、一五二、〇〇〇
土木事業	三一、七〇八、〇〇〇
農、鉱、林業	二〇六、六九五、〇〇〇
紡績、紡織	二五〇、六四五、〇〇〇
電気、瓦斯	四七、二一一、〇〇〇
水産業	一、八一〇、〇〇〇
其他	五六、八〇〇、〇〇〇
合計	一、八〇九、一五四、〇〇〇
借款数	
一般財政	一四二、三五四、〇〇〇〔円?〕
鉄道	一六二、二一九、〇〇〇
交通	七六、六〇九、〇〇〇
軍事	一〇二、五五九、〇〇〇
産業	二四五、〇九〇、〇〇〇
雑〔?〕	六四六、〇〇〇
合計	七三〇、四七七、〇〇〇
以上総計	二、五三九、六三一、〇〇〇

右の内借款額各項目は爾来大体に於てそのままこげつき情態になって居るから特に修正の必要を認めないが経済投資中の一般商業、製造業、紡績紡織の各項目は一九二九年来最近三四ヶ年間に於ける日支外交関係の大変化に伴い之等は何れも大なり小なり数字上の変化を受けしは免れないところであるが果してどの程度に増減ありしやを適確につきとむることは極めて困難で十人十色の推定を見て居るが極く大ザッパの推定に拠れば（一）一般商業投資は最近二三年来日本の対支貿易の漸減に伴い最小限度に約一割減即ち約千五六万円減と見て右は現在一億四千六百八十六万円見当と推定される、（二）製造業投資は事変動乱に伴い約五分減即ち七百万円減と見て右は一億三千七百九十四万千円見当と推定される、（三）紡績紡織

投資は上海その他に於ける増資に伴い上海に於ける投資約二億円その他に於ける投資約一億円計三億円見当と推定される、その他一九三一年前後に於ける未曾有の銀価暴落時代に上海を中心としての不動産投資が概算三百万円見当あるからこれを「其他」の項目へ編入加算すれば五千九百八十万円となる、他の諸項目には大した変化なきものと見られて居るから結局経済投資は概算左の如く推定される。

経済投資

一般商業	一四六、八六〇、〇〇〇（円）
製造業	一三七、九四一、〇〇〇
銀行并信託	二五六、三三二、〇〇〇
鉄道、運輸、倉庫	六五〇、一五二、〇〇〇
土木事業	三一、七〇八、〇〇〇
農、鉱、林業	二〇六、六九五、〇〇〇
紡績、紡織	三〇〇、〇〇〇、〇〇〇
電気、瓦斯	四七、二一一、〇〇〇
水産業	一、八一〇、〇〇〇
其他	五九、八〇〇、〇〇〇
計	一、八三八、五〇九、〇〇〇

借款は前出小田切氏の調査を踏襲すれば七三〇、四七七、〇〇〇円であり、その他対支文化事業投資は概算六四、〇〇〇、〇〇〇円と推定されて居るから日本の対支投資総額は概算二、六三二、九八六、〇〇〇円と見られる。

以上の外団匪賠償金残額四、七七二、七四六磅平価換算約四七、七二七、四六〇円青島公産庫券一三、〇〇〇、〇〇〇円膠清鉄道代償四〇、〇〇〇、〇〇〇円計約一億万円がある、尚右統計中には日本の在支官有財産は含まれて居ない。

英国、最近英国の対支投資活動は極めて不振情態にあり往年の積極的活動は薬にしたくも此を見ることが出来ない、只この間一九三〇年前後以来銀価暴落に乗じサスーン財閥一派の上海を中心とする不動産投資概算約一千万銀弗、アーノルド其他財閥群の土地信託投資約六百五十万銀弗、大上海復興公債六百万銀弗への割込額大約二百五十万銀弗見当等をあぐるに過ぎず、従て最近来英国の対支投資は上海以外を考慮に入るるもせいぜい二千万銀弗と見て大過ない様である。

一九二一年十月中杭州に於て開催された第四回太平洋会議に提出された資料（劉大鈞氏 Foreign Investments in China）に拠れば英国側委員調査として英国の対支投資を左の如く見積って居る、（単位磅）

一、土地	七〇、〇〇〇、〇〇〇
二、其他不動産	
（一）工場	三、九一五、〇〇〇
（二）建築物	四、九二二、〇〇〇
（三）桟橋、倉庫	四、二八〇、〇〇〇
（四）住宅	四、二八八、〇〇〇
（五）鉱山	三、三〇〇、〇〇〇

計	二〇、七〇五、〇〇〇
三、動産	
(一) 機械	五、五二八、〇〇〇
(二) 船舶	一〇、六四六、〇〇〇
(三) 汽車、自動車類	八三二、〇〇〇
(四) 商品、原料類	一二、三八四、〇〇〇
計	二九、三九〇、〇〇〇
四、鉄道投資	一九、〇〇〇、〇〇〇
五、公債、株券	
(一) 支那に於ける支那並外国会社株	三二八、〇〇〇
(二) 担保品	三、五〇〇、〇〇〇
(三) 其他商業貸付	二、四五四、〇〇〇
計	六、二八二、〇〇〇
六、政府公債	
(一) 確実担保債(団匪賠償金ヲ含ム)	三一、五〇〇、〇〇〇
(二) 不確実担保債	二、四〇〇、〇〇〇
(三) 材料借款	一、七一八、〇〇〇
(四) 上海共同租界公債	四、〇〇〇、〇〇〇
(五) 雑貸付	二、五〇〇、〇〇〇
計	四二、一一八、〇〇〇
七、教会財産	一、三〇〇、〇〇〇
以上計	一八八、九九三、〇〇〇
其他未調査投資見積高	七一、〇〇三、〇〇〇
総計	二六〇、〇〇〇、〇〇〇

以上総投資額約二億六千万磅と見積られて居るが一磅支那貨一〇、七〇弗換算とすれば約二、七八二、〇〇〇、〇〇〇銀弗となって居る。右の内所謂経済投資額は一億四千五百三十七万七千磅支那換算額約一、五五五、五三四、〇〇〇銀弗見当である。

更に劉大鈞氏の調査を見るに英国の対支経済投資は左の如くなって居る。(単位銀弗)

事業別	調査会社数	持込資本高
一、鉱山	一	九〇、〇〇〇
二、電気、瓦斯、水道等	七	二五、八一四、八五七
三、造船、建築等	一八	二九、〇七九、三三八
四、不動産	二五	九七、六五五、一二六
五、旅館、娯楽機関	一三	一八、五八三、〇七〇
六、製造業	五六	六三七、四八八、五四四
七、百貨店	四	八、五〇三、七二五
八、輸出入貿易	一二九	一〇〇、七九九、九四三
九、航運	一七	一六〇、三八四、九三九
一〇、銀行	六	七七、六七八、二六二
一一、財閥	三	三、一七六、二〇〇
一二、保険	五九	三三五、九一六、三八六
一三、護謨園	四〇	二七、七八四、二六三
一四、其他	三六	六、四二七、三六〇
計	四一四	一、五二九、三八二、〇一三

即ち一、五二九、三八二、〇一三銀弗となり前出英国側委員の経済投資額一、五五五、五三四、〇〇〇銀弗と大差なき様であるが今仮りに英国側委員調査額をとりこれに「其他未調査投資見積高」七一、〇〇五、〇〇〇磅支那貨換算額約七五九、七五三、五〇〇銀弗を全部経済投資と仮定して加算すれば英国の対支経済投資額は総計二、三一五、二八七、五〇〇銀弗となる。この内には前出一九三〇年前後に於ける英国財閥の不動産信託投資は既に含まれて居るものと見右総計には単に昨年来に於ける大上海復興公債六百万銀弗への割込額大約二百五十万銀弗だけを加算すれば総計二、三一七、七八七、五〇〇銀弗となりこれが最近までに於ける英国の対支経済投資総額と見ることが出来る。

対支政府借款は前出英国委員会側の調査に拠れば四二、一一八、〇〇〇磅となって居るがこの内には団匪賠償金残高約七、二二六、四〇七磅も含まれて居るからこれを控除せば準政府借款高は三四、八九一、五九三磅支那貨換算額約三七三、三四〇、〇四五銀弗となる。而して英国の対支借款も多年に亘りこげつき情態にあるからこれが最近に於ける借款の近似数であろう。この外に前出教会財産一、五〇〇、〇〇〇磅支那貨換算一六、〇五〇、〇〇〇銀弗がある。従て英国の対支投資は概算左の如く見積られる。

経済投資	二、三一七、七八七、五〇〇〔弗〕
借款	三七三、三四〇、〇四五
文化事業	一六、〇五〇、〇〇〇
計	二、七〇七、一七七、五四五

米国、劉大鈞氏の見積りに拠れば一九二九年現在米国の対支投資総額は借款並経済投資合計約三〇〇、〇〇〇、〇〇〇銀弗となって居るがこれが内訳を概算するにリーマー教授の調査に拠れば借款総額は左の如くである。

一、確実担保借款	二四、二七一、九三〇〔銀弗〕
二、不確実担保借款	二、九六〇、七二一
三、米国商館貸付	
財政部	二、一三四、九五八
交通部	八、〇八五、一九六
四、米国人所有支那有価証券	九、〇〇〇、〇〇〇
計	四六、四五二、八〇五

右借款も大体こげつき情態に陥り爾来変化なき模様であるがこれを一九二九年相場にて支那貨に換算すれば約一一三、一八九、〇九六銀弗となる、従てこれを右投資総額三億銀弗より控除すれば残高一八六、八一〇、九〇四銀弗が経済投資の概算となる、この外に教会関係文化事業投資が米貨約七〇、〇〇〇、〇〇〇弗支那貨換算額一七〇、五六五、三〇一銀弗見当であるから結局一九二九年頃に於ける米国の対支投資総額は四七〇、五六五、三〇一銀弗と見られて居る。

その後銀貨暴落による上海米国財団の飛躍により投資増加を見た様である、即ち美豊銀行（American Oriental Banking

Corporation）を中心とする米国財団たる普益銀公司（Raven Trust Co.）普益地産公司（Asia Realty Co.）美東銀公司（American Oriental Finance Corporation）等の活動は殊に目覚ましく一九二七、八年代に於ける右財団の投資額約二千万銀弗より一九三一年には約六千五百万銀弗に膨張して居る、従てこの増資額を約四千五百万銀弗と見てこれを前出投資額四七〇、五六五、三〇一銀弗に加算せば一九三一年末迄に米国の対支投資額は約五一五、五六五、三〇一銀弗と見積られる、更に米国は一九三一年中小麦を物資借款の形式で四十五万頓を支那に貸付けて居るがこれをその当時の時価に見積れば約四千五百万銀弗となって居る、この小麦借款を右投資額に加算すれば五六〇、五六五、三〇一銀弗となる。これが最近迄の米国の対支投資総額と見られる、この外国民政府は更に米国から第二次小麦借款四十五万頓を起すべく交渉を開始したるが如きも支那農民大衆よりの反対に会いこれは目下行悩みの態となって居るが物資借款は借款の新形式として注目に値いする。

その他最近に於ける米国の対支投資活動として特筆すべきは一九三二年九月中招商局汽船会社が営業改善の目的を以て米国商中国営業公司（China Realty Co.）を介し米国ダラー汽船会社より三千万銀弗の借款を起したることであるが該借款は同局総理李国杰氏が国民政府当局の認可を得ず独断にて契約調印したるものとして政府当局より取消しを要求され居り旁国府側に於ては既に同局を政府直営に移すことに決定したので該借金問題は相当の紛糾を免れざるが如く観測されて居る、次に一九二九年中米国資本団の手に帰したる上海電力会社（Shanghai Power Co.）は目下千五百万上海両の社債を公募中なるがこれに対し米国側其他の相当の投資を見るであろう。

仏国、最近に於ける仏国の対支投資中経済投資として劉大鈞氏の調査に拠れば次の如くである。（単位銀弗）

一、安南鉄道投資	一一、六二五、〇〇〇
二、銀行、保険	六、五〇〇、〇〇〇
三、輸出入貿易	六、三八八、一六五
四、公共土木事業	四、二〇〇、〇〇〇
五、土地建物	二、〇九六、二八〇
六、汽船会社	一、七四八、〇四〇
七、其他上海に於ける投資	一、二〇三、一八八
八、其他支那各地投資	一、五〇〇、〇〇〇
計	三五、二六〇、六七三

然るところ右劉氏の調査中には調査洩れもあるが如くにて余りに過少に見積られ居りて信を措くに足らず他方一九二八年末エリス教授の調査を見るに同教授は仏国の対支投資を五五、〇〇〇、〇〇〇金弗乃至七三、〇〇〇、〇〇〇金弗と極めて大雑把の数字をあげて居て右劉氏の調査とは余りに差大にしてこれ又信を措くに足らない、今仮りにエリス教授の最大見積額七三、〇〇〇、〇〇〇金弗を当時の支那貨に換算すれば大約一五八、〇〇〇、〇〇〇、銀弗見当となるがこれは余りに課題に

失する様である。一九三〇年中在上海日本商務官の調査に拠ればば大約一億万円見当となって居るがこれを当時の支那貨に換算すれば大約一六八、〇〇〇、〇〇〇銀弗となるから先ず常識的に見積って一五〇、〇〇〇、〇〇〇銀弗と見れば大過ない様である。

次に仏国の対支借款を見るにエリス教授の調査に拠れば隴海鉄道借款其他鉄道借款中純然たる仏国投資額は四一、〇〇〇、〇〇〇斤弗以上で仏国白耳義シンジケート共同投資額は六一、〇〇〇、〇〇〇金弗見当となって居るが後者を仮りに仏国と白耳義とが半分ずつ出資して居るものと見れば仏国の持分が三一、〇〇〇、〇〇〇、全部でこれと前者に加算すればば七二、〇〇〇、〇〇〇金弗見当となる、これを一九二八年当時の支那貨に換算せば大約一五一、〇〇〇、〇〇〇の銀弗となる、従て仏国の対支投資は経済投資借款合計大約三億銀弗見当と見られて居るがこの外教会関係投資があるがこれは見積不能である。

更に最近支那は石家荘太沽鉄道並大同潼関鉄道架設を計画し仏国白耳義財団より前者に対しては三億五千万フラン後者に対しては六千万銀弗の借款交渉進行中にて未だ調印の運びにいたらざるが如きも従来頽勢にありし仏国の対支活動の再燃として注目せらる。

独逸、欧戦中独逸は支那の経済戦線より総退却を余儀なくされ山東その他の活動舞台ももぎとられ満目蕭条の景を呈したが独逸人の堅忍不抜なる精神を以て其後着々支那マーケットに再現し染料機械薬品等の売込みに秘薬したる結果大部地盤を盛返し前出エリス教授の見積に拠れば一九二九ン頃に於ける独逸の対支経済投資は大約一億万金弗となって居るが今仮りにこの数字を近似数と見て当時の支那貨に換算すれば大約二三七、〇〇〇、〇〇〇銀弗となる。

次に独逸の対支借款を見るに一九二九年中エリス教授の調査に拠れば英国借款其他五借款総計七三、八六六、一八〇金弗支那貨換算大約一八〇、〇〇〇、〇〇〇銀弗となるがこれは数字上其後大なる増減なしと見られて居るから結局最近に於ける独逸の対支投資総額は四一七、〇〇〇、〇〇〇銀弗見当と見られる。

この外昨年末支那は独逸コンドルファー財団より四千万銀弗の借款を起し鋼鉄廠を新設する計画を樹てて居るが借款交渉は順調に進行し近々調印の運びにいたるが如く伝えられて居るから独逸の対支活動は一層目覚ましきものとなるであろう。

露国、露国の対支借款は帝政露国の崩壊により奇麗に解消して仕舞ったが満蒙に於ける経済投資が相当額に達して居る、これに就き適格なる数字を得ることは困難であるが満蒙の調査に拠れば東支鉄道その他経済投資は大約四六五、〇〇〇、〇〇〇円見当となって居るがこれを現在の支那貨に換算すれば大約四六五、〇〇〇、〇〇〇銀弗見当と見られる。

最近露国の支那市場進出は相当注目せられて居るが投資として特筆すべきことはない。

其他諸国、以上諸列強の外伊国、白耳義等輸出入貿易その他に相当活動して居るが投資額としては僅少に止って居る。

一九三一年劉大鈞氏の調査に拠ればこれ等プチ・ブルジョア列強の対支投資額は大体左の如くである。（単位銀弗）

伊国	六〇八、〇〇〇
葡萄	一、三四三、〇〇〇
白耳義	一六、二六〇、三八〇
丁抹	二四二、〇〇〇
瑞典	三八一、〇〇〇
和蘭	五〇、〇〇〇
西班牙	二九〇、〇〇〇
墺国	一〇〇、〇〇〇
計	一九一、二七四、三八〇

右「其他諸国」の投資額は極めて過少に見積られて居るものの如くであるがこれを打消す嶽の資料がないから暫く近似値と見ざるを得ない。

終りに上述列強の対支投資額を概括すれば大約左の如く見積られる。（単位銀弗）

日本	二、六三二、九八六、〇〇〇
英国	二、七〇七、一七七、五四五
米国	五六〇、五六五、三〇一
仏国	三〇〇、〇〇〇、〇〇〇
独逸	四一七、〇〇〇、〇〇〇
露国	四六五、〇〇〇、〇〇〇
其他	一九、二七四、三八〇
計	七、一〇二、〇〇三、二二六

註、日本の投資総額は二、六三二、九八二、〇〇〇円であるが列強との均衡上一九二八年円弗パー相場にて支那貨に換算し二、六三二、九八六、〇〇〇弗とせり。

資本主義列強の対支投資戦は既述の通り最近凋落時代にあるがこれは単に中だるみであり ドーマントの姿にあるだけで結局世界経済復興の暁には資本主義列強の剰余資本と物資とは最大にして最後の「捌口」を支那に見出し支那マーケット目指して怒涛の如き勢いを以て再動員され列強の資本主義戦は益々尖鋭化するの可能性を多分に持つ、この間国民党ブルジョアは永久に自己のヘゲモニー把握のために国内ソヴェット勢力掃蕩に血みどろの戦いを戦続けると共に外的には列強資本主義との結合に努力するであろう、斯くて列強資本は単独に又はコンビネーションの態に於て支那に食入る過程を強化し列強の「予備資本」はリーチ氏の所謂「勇敢なる資本（カレジャスキャピタル）」に転化して第一線に進出するであろう、然しこれは「明日」の問題である。

吾々は以上与えられた時間と与えられたスペースに於て特急スピードで最近の於ける列強の対支投資活動情態を見取図的に略述したが蓋し杜撰の誹りは免れないであろう、大方諸賢士の御高教を俟つと共に尚お将来に於ける研究を楽しみに擱筆する。

――一九三三―二―六――

（4）東亜第6巻第5号　一九三三年（昭和八）五月

「日支関税協定はどうなる」

田場盛義

一、輿論に聴く

新聞報道によれば有吉駐支公使は先般帰朝の際新聞記者との会見に於て日支互恵関税協定問題に言及し「日支関税協定も近く満期になるが我国としては別にこれを存続するため努力する必要もない、協定が廃止になっても外国商品との競争は心配する必要はないと当業者も云って居る位いだ」と述べたる趣き伝えられて居るが該協定の有効期間満了も来る五月十六日に急迫し本邦当業者間に焦慮の種子となって居るにも不拘一般識者の輿論としては現下の日支関係の情勢に鑑み該協定の改訂若は延長に対する交渉を開始するが如きはその時期ではないと消極的態度を示して居る様であるが偶々「別にこれを存続するため努力する必要もない」と云う有吉公使の口吻により推察するも我が当局者が矢張り該協定改訂問題に対しては消極的態度を持して居るであろうことは逆睹するに難くない。

右に就き支那側の態度如何を見るに過般北平に於て国民政府財政部長宋子文氏が新聞記者に語ったところによれば「中国貿易上の見地より近く満期となる中日互恵関税協定の改訂若は延長に対しては交渉を開始せず又該協定満期となると共に中国としては該協定中の品目に対しては如何なる程度の輸入税を賦課するも中国の自由である」との口吻を洩して居るが最近又同氏は上海に於て「中日関税協定は来る五月十六日に期間満了となるが満期後は該協定中の日本品は“China's New Customs Tariff”に拠り輸入税を課せられることになる」と語った趣き報道せられて居る、由是観之支那側官辺は本問題に対しては決定的に消極的態度を持して居るものと観られる。

更に本問題に対する有力なる支那側商工界の最近の動向を見るにこれ又協定の自然消滅を契機として改訂絶対不要論に傾いて居る、大局論に立つ論者は大体左の通り主張する。

（一）由来国家間に締結せられる互恵協定なるものは経済上貿易上相互扶助利益増進の精神に立脚し国家間の親善関係を一層強固にせんとするにあるが現下の日支両国の国交関係を見るに互恵どころの騒ぎにあらず即ち日本は帝国主義の一点張りで寸を得て更に尺を進むる大陸政策の毒剣を露骨に振翳し何等親隣の見るべきものなきに中国は国防に政治に産業に敗北主義に終始す、斯くの如き実情の下に互恵協定の存続は日本の大陸政策を益々強化せしむるに過ぎない。

（二）中国は痼疾的に貿易上入超に悩み抜いて居るが最近来この事態が殊に甚だしくまさに国家的破産時代に直面しつつあ

る、然るに日本は互恵協定の下にかくれて大量生産的安物を中国市場に動員し中国市場をダンピングの目的に供して居る、依て不公平にして毫も互恵の実なき該日支関税協定の改訂乃至存続は如何なる条件に於ても断然これを排撃すべきである。

他方該協定をテクニカルの見地より検討してこれに反対する論者は云う。

(一)日支関税協定は表面上平等且つ互恵の精神に立脚して締結せられ且つ又該協定中には「平等(イークオル)」並「互恵(リシプロカル)」なる文字も使用されて居る位いであるが這は事実上一九二六年北京タリーフ・コミッション作成のタリーフ・スケデュールの範囲を越えず、従て日支関税協定の如きはレシノロカル・タリーフと称すべきものでなく宋子文氏の言草を以てすれば単に“booby prize”の性質を有するものに過ぎない。

(二)日支関税協定に拠り日本はその主要対支輸出品に対し三ヶ年間互恵税率を課すべき取極をなしたが該取極の結果日本は片務的に利益を得反対に支那はそれだけ損失を招いて居る、換言せば日本の得たる互恵品目は中国輸入品目七一八件中六二件で実に八パーセントに達して居るが中国の得たる互恵品目は日本の輸入品目六四七件中僅に三件で実に〇・四パーセントに過ぎない。

(三)而して日本の得たる互恵品に対する中国の輸入税は最高従価一七・五パーセント最低七・五パーセントであるがこの最高輸入税率の適用を受けるものは僅に三品に過ぎず最低輸入税率の適用を受けるものは残品全部である、然るに中国の得たる互恵品に対する日本の輸入税は最重税で夏布――主として朝鮮へ輸出せらる――は従価一二パーセント乃至六〇パーセント(毎百斤十二円乃至六十円)の高税となり又絹織物並刺繍布は何れも従価七〇パーセントの重税を課せられて居る。

(四)統計は少しく古いが試みに一九二六――二七――二八年三ヶ年間の日支間輸入貿易額に就き各総輸出額と互恵協定品貿易額との比例を見るに左の通り非常に不均衡成る状態にある。

(単位千海関両)

	一九二六年	一九二七年	一九二八年
日本(台湾共)の対支輸出互恵品	一七〇、七八八	一二〇、四七九	一五二、四三一
日本(台湾共)の対支輸出総額	三四九、四六二	三〇九、五四一	三三五、四一二
互恵品額の対支総輸出額に対する百分率	四八・八七	四二・一五	四五・四四
支那の対日本輸出互恵品	五、四五七	五、一〇四	五、七〇三
支那の対日本輸出総額	二五八、一一六	二八六、六六五	二七七、一七五
互恵品の対日本総輸出額に対する百分率	二・一一	一・九〇	二・〇六

上記統計に拠れば支那は該互恵協定に拠り日本よりの総輸入品の四五・四九パーセント（三ヶ年平均）に対し支那が課し得べき最高輸入税限度に就き制限されて居るが日本は僅に二・〇二パーセント（三ヶ年平均）の制限に過ぎない、之を換言すれば支那は日本よりの輸入額に対し自由に輸入税を賦課し得るものは僅に五四・五一パーセントに過ぎないが日本は支那よりの輸入品の九七・九八パーセント迄は自由に輸入税を課し得る立場にある。

（五）日本より輸入せらるる綿製品中互恵待遇を受け居るものは実に三十三品目に上るがこれ等品目に対する低輸入税率のため中国自身の紡績業者は非常な打撃を蒙って居る、即ち中国に於ける排日貨にも不拘これ等協定日本品は支那市場に於ては事実上ダンピングものの姿で現れて居る、斯くの如き事情の下に有力なる支那商工業者は国民政府当局に対し該協定をこれが満期と共に破棄する様要請したのである。

二、互恵協定の主要点

上述の如く日支互恵関税協定は日支両国より継児扱いにされ毫も「互恵的待遇」を与えられて居ないのみならず近き将来に於て「野垂れ死」の悲運に遭遇するが如くに観られて居るが吾々はこの憐れな「継児」に内在する「生命線」とも云うべき附属税表第一号中の綿製品に対する国民政府の現行輸入税の内容を分析し一般の再認識を要求し度い、蓋し現行互恵課税の内容に就ては本邦当業者のみならず一般識者間にも余りに誤解が多い様であるからである。

附属税表第一号（期間三ヶ年間のもの）は左の品目を網羅して居る。

品目番号　品　名　一九二九年支那輸入税則番号

一　綿製品　一乃至一〇、一二乃至一四、二二乃至二四、二六乃至三二、三七、三八、四〇、四三、四六、四七、五一、五三、五八、五九、

二　海産品　一九六乃至一九九、二〇二、二〇五、二〇六、二一三、二一六、二一七、二一八、二三一、

三　小麦粉　二八〇、

本税表第一号を説明する協定中のテクストは左の通である。

（一）本税表第一号に記載せらるる物品に対する税率は前期税率表の当該番号の下に掲載せらるるものと同一たるべきものとす。

（二）但し支那共和国国民政府は傍線を施さざる番号中に含まるる物品に対する税率に関し従価二部五厘を越えざる限度に於て前記の税率を増加するの権利を保留す。

（三）従量税の場合に於ては右に定めらるる増率は一律に前記税率表の税率の算定の基準たりし原課税価格又は一律に一九二八年関税評価委員会の採用したる課税価格の孰れかの一方を以て其の基礎とせらるべし。

右テクスト並一九二九年旧輸入税制に拠り現行輸入税則（一九三一年）に於ける金単位換算税率を検するに吾々は次の様な事実を知る。

（一）「支那共和国国民政府は傍線を施さざる番号中に含まる物品に対する税率に関し従価二分五厘を越えざる限度に於て前記の税率を増加するの権利を保留す」との条項に拠り国民政府は傍線を施せざる税番に対しては遅くとも一九三一年初より従価二分五厘を増加徴収して居る、即ち一九二九年旧輸入税則税番第一〇号（ロ）白、無地粗布細布従価七分五厘は一九三一年現行輸入税則税番第一二号（ロ）従価一割となって居る。

（二）従価税の場合も矢張り傍線を施さざるものは二分五厘増加徴収されて居る、一九二九年旧輸入税則税番第一号乃至第九号（生地綿布類）税率と一九三一年現行税則記載当該番号とを比較する必要あり。

（三）傍線あるものに対しては税率増加されて居ない、一九二九年旧税則税番第五一号、綿糸（イ）従価海関両三・〇〇は一九一三年現行税則税番号五一号（一）従価金単位五・三〇となって居る。

尚お金単位五・三〇は一九三〇年二月一日より金単位を実施したる際海関両一両を金単位一・七五の率で海関両三・〇〇を換算し四捨五入せるものである、又旧税則中の海関両一は現行税則中には金単位一・七五の率で現われて居る。

このテクニカルの問題に就き充分の認識を持たざるため本邦商工業者にして日支互恵関税協定の互恵的待遇の真相に就き非常な誤解をして居る向きの多いのは遺憾である。

三、誤解を除く

国民政府が輸入関税に対し金単位制度を採用したのは一九三〇年二月一日からで日支互恵関税協定が実施されたのは同年五月十六日からである。又支那現行輸入税率の実施されたのは一九三一年一月一日からであるが現行輸入税率の実施と共に各輸入商品は金単位で一斉に非常な高率課税を見たのであるが日支互恵協定中の品目に対しては旧輸入税率即ち日支互恵協定規定のままの税率が単に金単位に換算されて据置きになり或いは協定品目中傍線なきものは据置税率に二分五厘の増加徴収を見たまでである。換言すれば該協定中の品目に対しては互恵の精神と実質が現在まで持越されて生きて居るのである。

然るに世人往々日支互恵関税協定品目に対する税率と現行輸入税率とは別個の存在であるかに誤解し日支互恵関税協定消滅の暁には該協定品目は同種諸外国品同様重税を課せらるるであろうと杞憂を抱いて居る向きが多い様であるが上述日支互恵関税協定の実質に対しては同種諸外国品も同様之に均霑して居るのであるから該協定品に対する互恵協定が消滅した暁に於ても国民政府にして該協定品に対する税率に就き特に変更を加えない限り即ち現行輸入税率をそのまま適用する限り日本品は依然

互恵的待遇を受くることになり従て同種諸外国品も亦之に均霑することに変化ないのである。

他方邦人中論者ありて日支互恵関税協定品に対する互恵税率は最恵国条款に拠り同種諸外国品にも及ぶを以て日本品としては税率上何等互恵的関係にあるのではないと論ずるものもある様であるがこれも亦誤解に基くものである、右は一応肯綮に当る様にも思われるが然し現在事実上該協定に均霑して居るものは或種英国綿製品位いのもので多数諸国は事実上之等協定品に就き支那との間に殆んど貿易関係を有して居ないのであるから多数諸関係国は該協定に均霑する資格は与えられて居てもこれは単に花を得て実を与えられないと同様である、従て日本が該協定の調印者たるだけに日本が最も自国にインテレスト多く商品を協定品としたる関係上日本が該協定の「御利益」を最も多く受けて居ることは争えない事実である。

次に該協定に対しては支那側も現状無視の誤れる輿論に動かされて居る、即ち上述テクニカルの見地に立つ支那側の輿論に聴くに日本の得たる協定品目は数量に於て又貿易額に於て莫大にして支那が得たる協定品目に比し余りに均衡を失することを高潮し該協定は名目上平等にして互恵的であるが実質に於ては日本へ与うるところ徒らに大にして支那が日本より受くること余りに小なることを唱え結局如斯協定は満期次第これを破棄するに如かずと主張して居るがこれは盾の一面を観て他面を忘れた皮想の観たるを免れない、即ち論者が指摘するが如く該協定に拠り日支両国が相互に受くる利益は不均衡なるが如きもこれは日支両国産業発達の程度に非常な距離があるために起った必然的結果で日本は工業資本国であるから殆んど精製品を輸出して居るに反し支那は原料資本国から足を脱する能わざる過程にあるから日本に対しては主として原料品を輸出する関係上右の様な協定品目を見るに至ったのである、更に最近来に於ける支那の現状を概観するに日支事件を契機として高利資本の跳梁に反し産業資本は益々凋渇するの頽勢を示し居るため支那第一の工業たる紡績を含め各種工業部門は凋落して居る惨状にあるが殊に紡績部門の行詰りのため綿製品の自給自足は前途尚お遼遠と云うべく従て支那消費大衆としては採算上輸入最も有利なる日本品を多量需むる心的傾向にあるは争うべからざる事実である、同時に又支那消費大衆が支那の慢性的動乱、赤匪の跳梁、輸出貿易の大不振の結果未曾有の購買力減退に悩んで居ることも事実である、他方職業的排日屋の「亡霊」に脅やかされ排日貨根性が国民性を蝕みつつあることも認識せらるべきである、然し何れにしても支那の統治階級が徒らに現実を無視し人為策を弄して「架空的生産」を以て国貨提唱の基礎と誤認し国民大衆の実需を弾圧してまで日本綿製品の輸入を喰止むるが如き策に出ずる時は関税収入減を見るのみならず経済大衆を益々ブレッド・ライン以下に追込む結果を招来し支那の国状を愈々危局に瀕せしむるにいたるであろう、従て支那統治者としては日支互恵関税協定の処置に就ては慎重考慮する必要があろう。

四、三つの場合

日支互恵関税協定にして満期と共に自然消滅に帰した場合当然次ぎの三つの場合が考慮される。

（一）日支互恵関税協定満期に伴い国民政府が該協定中の日本品に対する輸入税を改訂してこれを実施する場合。

（二）現行輸入税率を全部に亘り改訂しこれを実施する場合。

（三）該協定満期後も現行輸入税率に何等の改訂を加えずそのまま据置く場合。

国民政府が以上の中第一の場合を採るとせば日本は日支協定に拠る互恵的利益を失うのみならず同時に之に均霑せる諸外国も同様最恵国待遇を失うに至る、この点に関し上述宋子文氏の所謂「中日関税協定満期後は該協定中の日本品は“China's New Customs Tariff”に拠り輸入税を課せられることになる」中の「中国新関税率」とは果たして如何なるものを指すか、現行輸入税率を意味するのかそれとも該協定満期後新に公布施行せらるべき「輸入税率」を云うのであるか疑問なき能わずであるが前述北平に於ける同氏の談話中「又該協定満期となると共に中国としては該協定中の品目に対しては如何なる程度の輸入税を賦課するも中国の自由である」とのことを考慮し国民政府としては該協定満期に於ては現行税率より高税率を課すべく考えて居るのではないかと疑う向きもある。

第二の場合に於ては第一の場合と同じく日本も他関係各国も共に互恵的利益を失う。

第三の場合には該協定中の日本品並最恵国待遇を受くる同種外国品は税率上現在と何等の変化を受けない。

右三つの場合中国民政府が果して何れを採るかは全然予断を許されない問題であるが現下内外極めて多事多端な際国民政府が果して一挙にして第一の場合若くは第二の場合を断行し得るかは大なる疑問でなければならぬ、差当り第三の場合が考慮せられ当分これを踏襲し潮時を見計い該協定に改訂を加えるのではあるまいかと消息通間には取沙汰されて居るが然し支那のことは常識上の判断を許さぬ場合が多いからこれとても果してどの程度まで信を措くに足るかは全く不明である、この岐路に立ち日本としてはこの三つの場合も慎重考慮し善処することを期待する。（一九三三―四―三稿）

第4章　新聞報道に見る通州事件と田場の死去

1　新京日日新聞「尊き犠牲を悼む」（一九三七年八月二〇日）

尊き犠牲を悼む

滿洲國政府關係の通州事件殉職者合同慰靈祭は特吉次長那儀委員長となり、けふ午後三時から記念公會堂に於て營まれることとなつた臨捷冀東地區の基礎確立のため第一線に活躍してゐた人々は叛逆支那軍のため無慘な最期を遂げたが滿洲國政府ではこの尊い犠牲者の英靈を慰むるため仆犠者も含めて政府より張國務總理、星野總務長官、各部大臣以下關係者、關東軍駐滿海軍部、大使館、協和會、冀東政府その他在京各機關よりの來賓多數出席して盛大に行ふが犠牲者の略歴は次の通りである

滿洲國政府關係八氏を祀り

午後三時公會堂執行

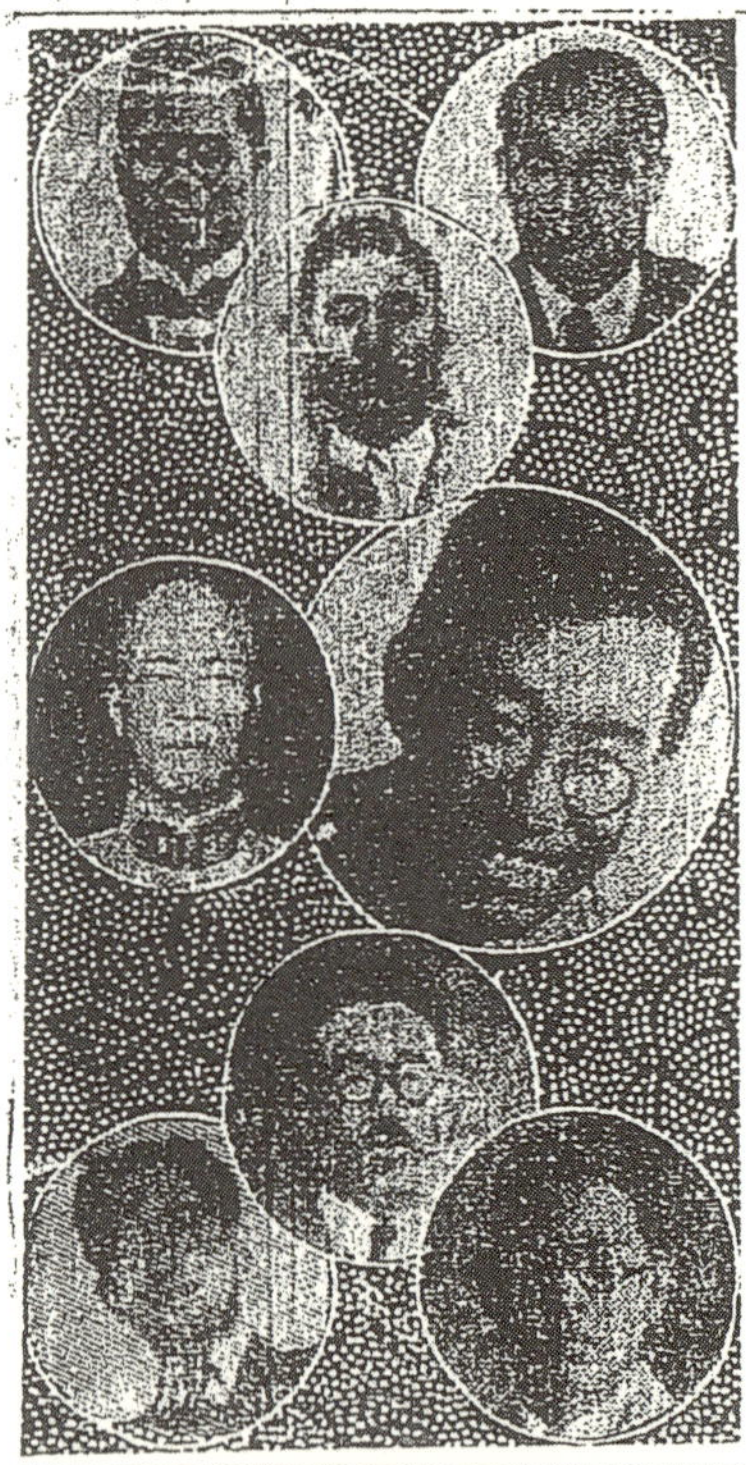

【寫眞上右宮脇賢之助、同中關嘉市、同左田場盛義、中右土居丁、同左渡邊省吾、下右藤澤平太郎、同中新原勝治、同左奥田重信の殉職八氏】

殉職者の略

故宮脇賢之介氏

故元財政部事務官宮脇賢之介氏は明治二十五年兵庫縣に生れ大正三年東京外國語學校支那語學科卒業、昭和七年十二月山口高等商業學校教授より聘せられて財政部事務官となり稅務司に在つて國內稅制調査事務に參畫、昭和十一年十二月關東軍司令部囑託を兼務し天津に派遣せられ續いて翌十二年二月支那駐屯軍司令部囑託となり軍の調査班に在つて山東省に於ける財政、金融經濟、政治、交通等の調査に當り同年六月冀東政府顧問に就任した、爾來今日迄日滿共同政策遂行の大使命を帶びて同政府を指導してゐたが、不幸今次通州事件に遭遇し同地特務機關員等と共に[illegible]壯烈なる戰死を遂げた

故田場盛義氏

故外務局事務官田場盛義氏は明治二十七年沖縄縣に生れ縣立第一中學校を經て東京外國語學校に入學、卒業後厦門日本領事館、外務大臣秘書官室吉林日本總領事館、外務省亞細亞局第一課、漢口日本總領事館等を歷任し、昭和八年五月外交部囑託となり越えて九年一月外交部事務官拜命と共に宣化司に勤務し、昭和十年十一月通商司勤務に轉じ滿日通商協定締結の爲資料蒐集調査企劃にあたりよく東京交涉委員をして後顧の憂なからしめたが、昨年十二月外交部通州特派員囑員として冀東政府に使し滿冀親善の爲に渾身の努力を傾倒して居たが今次の通州事件に遭ひ殉職した

故關嘉市氏

故交通部技佐關嘉市氏は明治三十七年東京市に生れ日本大學高等工學校に學び昭和七年九月三重縣技手より聘せられて國務院國都建設局囑託となり傍ら軍囑託として主として治水及利水業務任務を遂成し大いに建國業務の遂行に資する所があつたが後交通部技士とな

通州事件で死去した田場の顔写真（上左）と略歴から外務大臣秘書官室などに在勤していたことがわかる

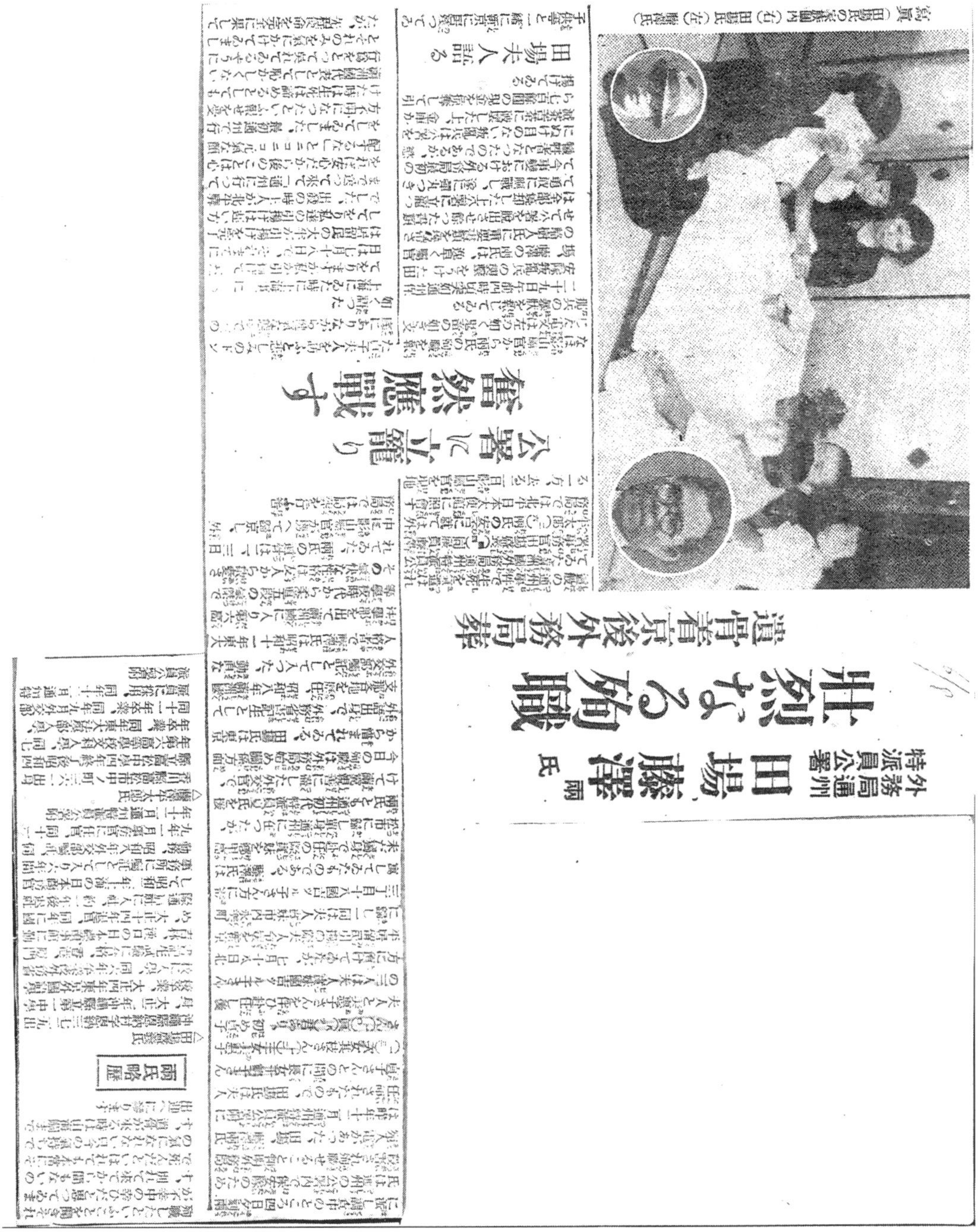
壮烈なる殉職
外務局通州派員公署 田場 藤澤 両氏
遺骨着京後外務局葬
公署に立籠り
奮然應戰す
田場夫人語る
兩氏略歷

2　大新京日報「壮烈なる殉職」（一九三七年八月六日）

3　新京日日新報「氣道はれてゐた田場、藤澤氏殉職」（一九三七年八月六日）

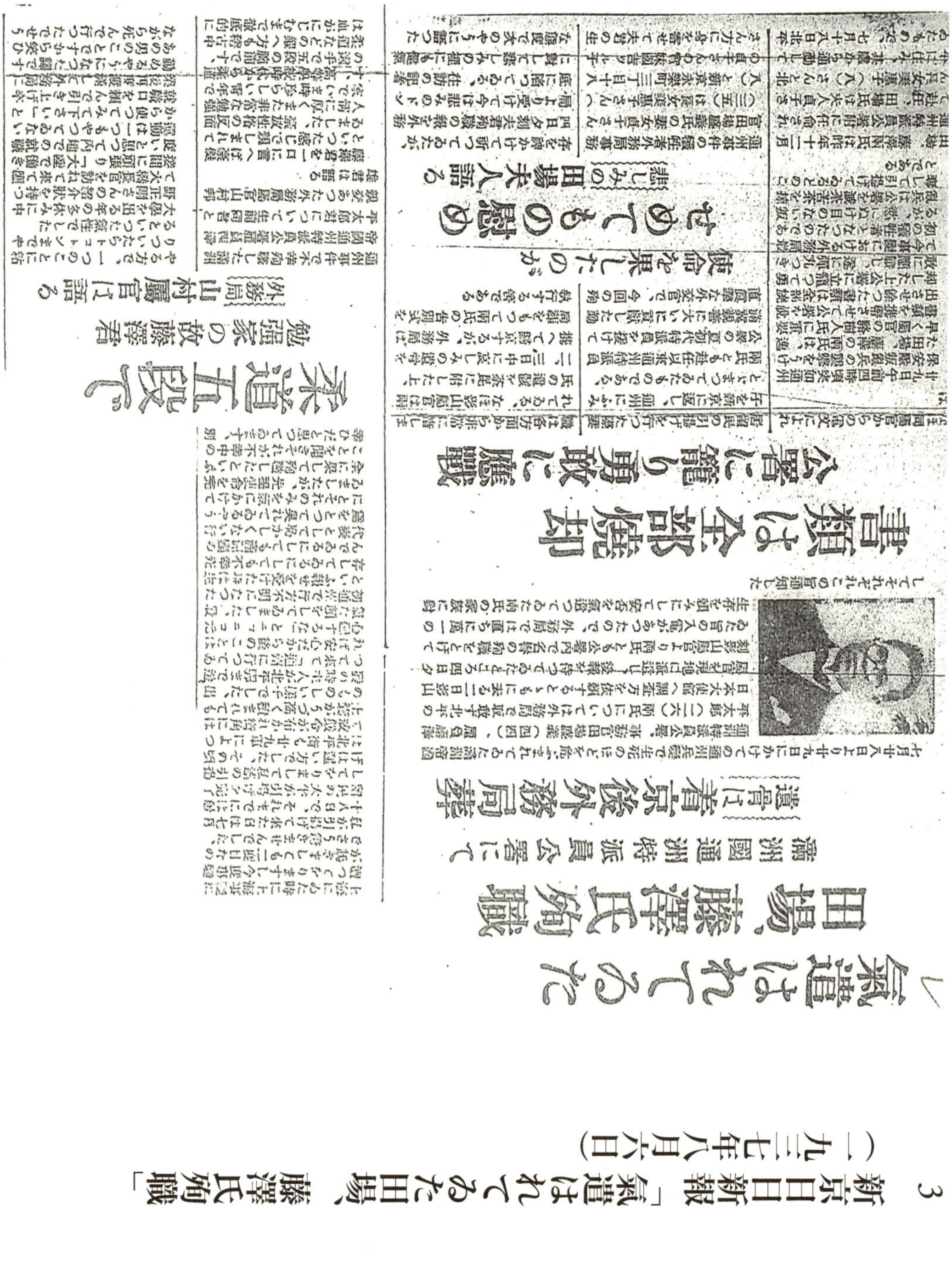
氣道はれてゐた
田場、藤澤氏殉職
滿洲國通州特派員公署にて
遺骨は近く歸京 外務省葬
書類は全部燒却
公署に籠り勇敢に應戰
せめてもの慰め
使命を果したのが
悲しみの田場夫人語る
勉強家の藤澤君
柔道五段で
外務局山村屬官は語る

4　琉球新報「新京で局葬執行」（一九三七年八月六日）

5　大新京日報「通州に殉ぜる外務局特派員田場見を憶う」山本永清（一九三七年八月七日）

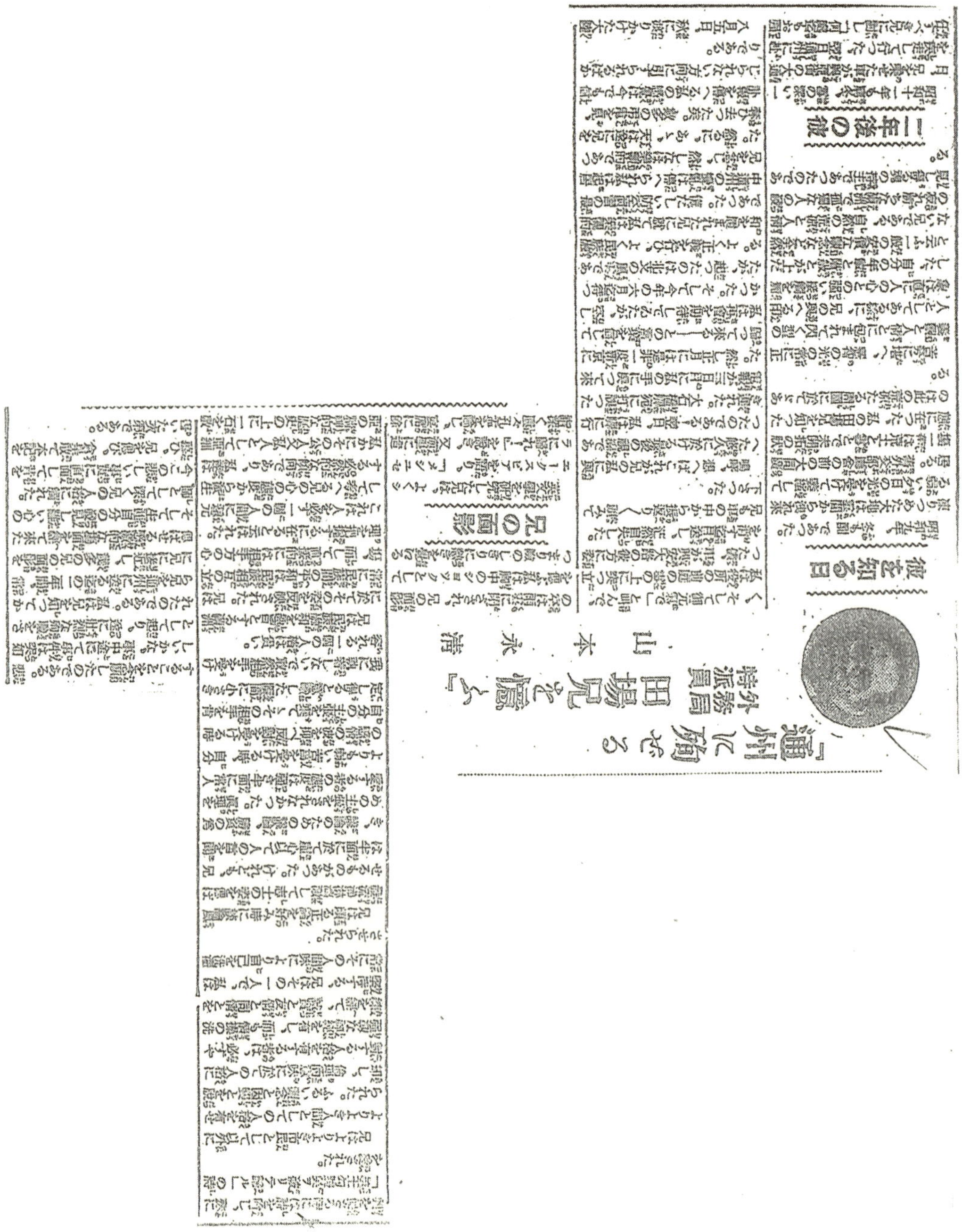

通州に殉ぜる外務局特派員田場兄を憶う

山本永清

彼を知る日

昭和九年、冬も酣であった。凍りつめた大地は雲間から洩れ来る弱い夕日の光を受けて萎縮して居る。旧外交部庁舎の前の大同広場一帯は荒土と雪とで未開拓の状態に在った。私の田場兄を知ったのは此の荒涼たる周囲に於てゞある。

苦労に堪え、慧智の光の常に正義観と人情とに包まれて閃く型の人としてある様に、兄の与える印象は直に人の心との強い接触を□（判読不可）した、自分の年輩と階級とが上だと云う一般の安価な観念など全然ない兄である、自然の荒涼と人情の寂れ勝ちな満州で孤独な人の発見し得る魂の持主であったのである。

二年後の彼

昭和十一年も窮冬、雪の深い一日、兄を乗せた車が興亜街の大通を疾走して行った。翌日通州に赴任すべき兄に対し「何処迄もお強く、そして御元気で」と叫んで、私は役所の前庭の雪の上に突っ立った儘、車が興安大路の彼方に姿を消す迄目送し、茫然自失した。兄も車の中から振返り振返り顧みて下さった。

嗚呼、想えばこれが兄の私に与えた悠久に於ける最後の視線であったのである！　翌日私は駅に行き遅れた。大石橋駅宛に打誤った電報が三日目に私の手に戻って来た。然し正月には是非一度新京に帰って来る——との言葉を信じて私は再会を期待していたが、空しかった。そして今年の六月まで待ったが、起ったのは北支の風雲である。よく正義を行い、よく民族融和を履まれた兄について私は楽観的であった。慌だしい防空演習の最中通州の攪乱は伝えられ私は起居兄を念じ、然しなお楽観的であった。然るに、あゝ、天は遂に兄を奪い去った矣。数多の弔電を見、訃報を伝える私の感覚は今でも信じられない方向に引ずられるばかりである。

八月五日、秋に渡りかけた大陸の空は雨雲に閉ざされ、兄の面影を偲ぶ私は胸中のショックとしてつまり瞼のしきりに熱きを覚える。

兄の面影

英文学を研究した兄は、よくシェークスピアを語り、「メシユセラに帰れ！」を説き、又漢学に造詣深く屡々孔孟を論じ、宴席に余興を促さる時には詩を吟じ、殊に「越王勾践呉ヲ破リテ帰ル」の詩を愛された。

兄はよりよき市民として以外によりよき人間としての人格を有せられた。ふるい観念と因習とを脱却し、倫理的意味に於ての人格に対する人格を有する者は、必ずや強靭な神経を有し、而も情操の洗練を経て、誠実と友情と同情とを堅持する、兄はその一人で、私は常にその人間味により自己を洗濯させられた。

兄は頗る正論を好み時に談論風発流涕淋□（判読不可）激して志士の姿を偲ばせるものがあった。けれども、兄は半面に於て虚心以て人の言を聞き、議論のための議論、勝負の為の主張をされなかった。真理を愛する者の態度は強き半面に常人よりも弱い苦言を受ける時、自分の感情の波を抑え反対を受ける時自分の主張を棄てゝその相手を肯定し得ると意識した瞬間に小さき我に執着しないで敢然相手を受け容れる一個の人格は貴い。

兄は民族融和を趣旨とする満州に於てその姿を反映された。兄は常に民族間の平和は民族相互の立場、而して直接的には相手方の心理を把握するに在ると云われた。これは人を必ず一個の人間に還元して考える兄の心の態度から派生する必然的な傾向であり、私達は私かにその公人又私人として亜細亜の精神的な歴史の上に一石を敷することを念願したのである。悲しいかな、事中途にして事件は突如として起り、遂に壮烈な殉職をされたのである。私は兄を知ってから兄を通州に送る迄の二年間、常に兄に接近し、幾多の兄の面影を偲ばせる感激的な場面を経て来た。そして生涯自分の発見し難い心の師として深く兄の人格に触れた。今この悲しい事実に直面して昔を慕い、兄を偲び、倉皇敢て本記を書いた次第である。

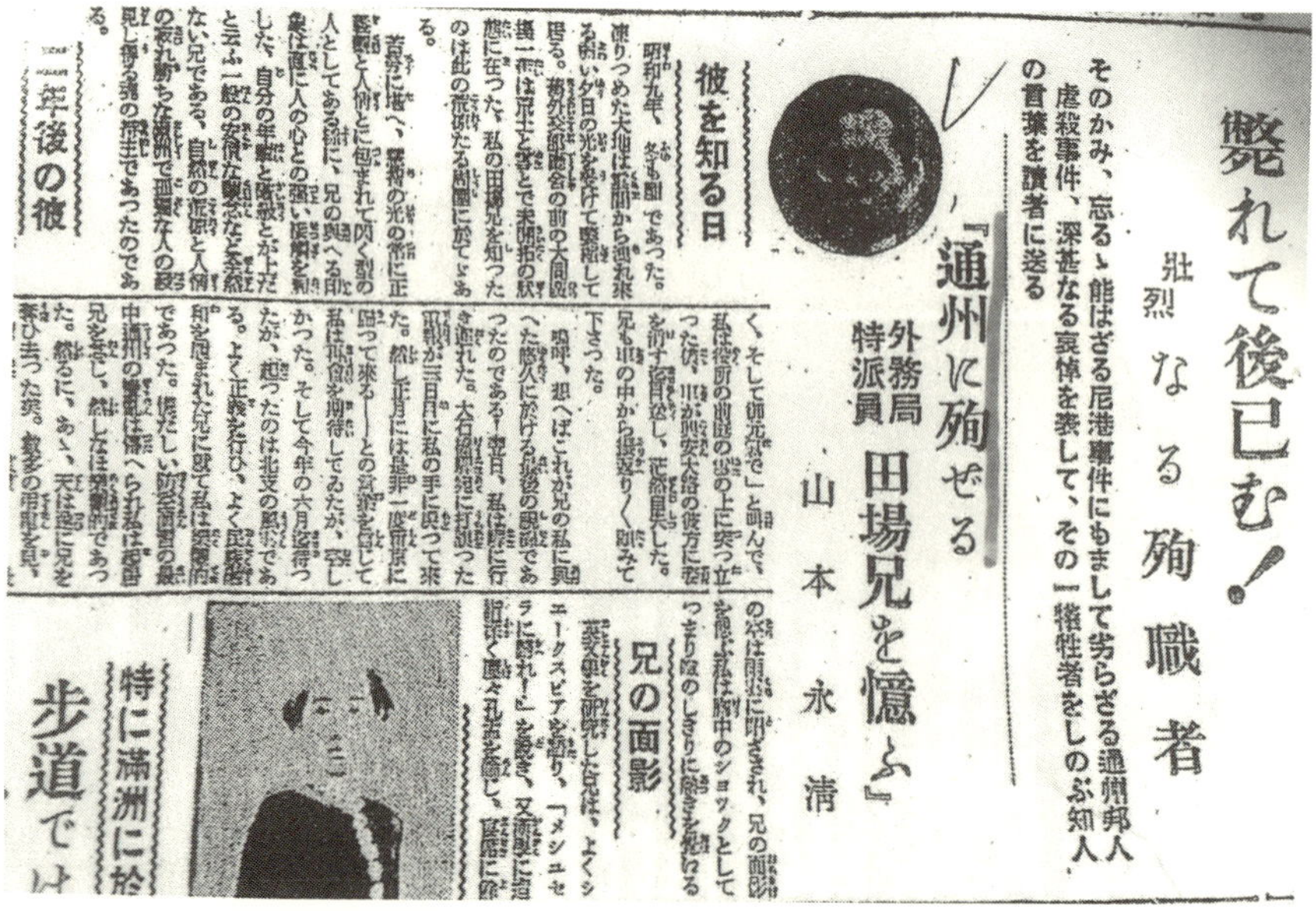
斃れて後已む！
壮烈なる殉職者
そのかみ、忘るゝ能はざる尼港事件にもまして劣らざる通州邦人虐殺事件、深甚なる哀悼を表して、その一犠牲者をしのぶ知人の言葉を読者に送る
『通州に殉ぜる 外務局特派員 田場兄を憶ふ』
山本永清
彼を知る日
兄の面影

田場を兄のように慕った同僚の山本永清。日本植民地下の台湾人であった（1937 年）

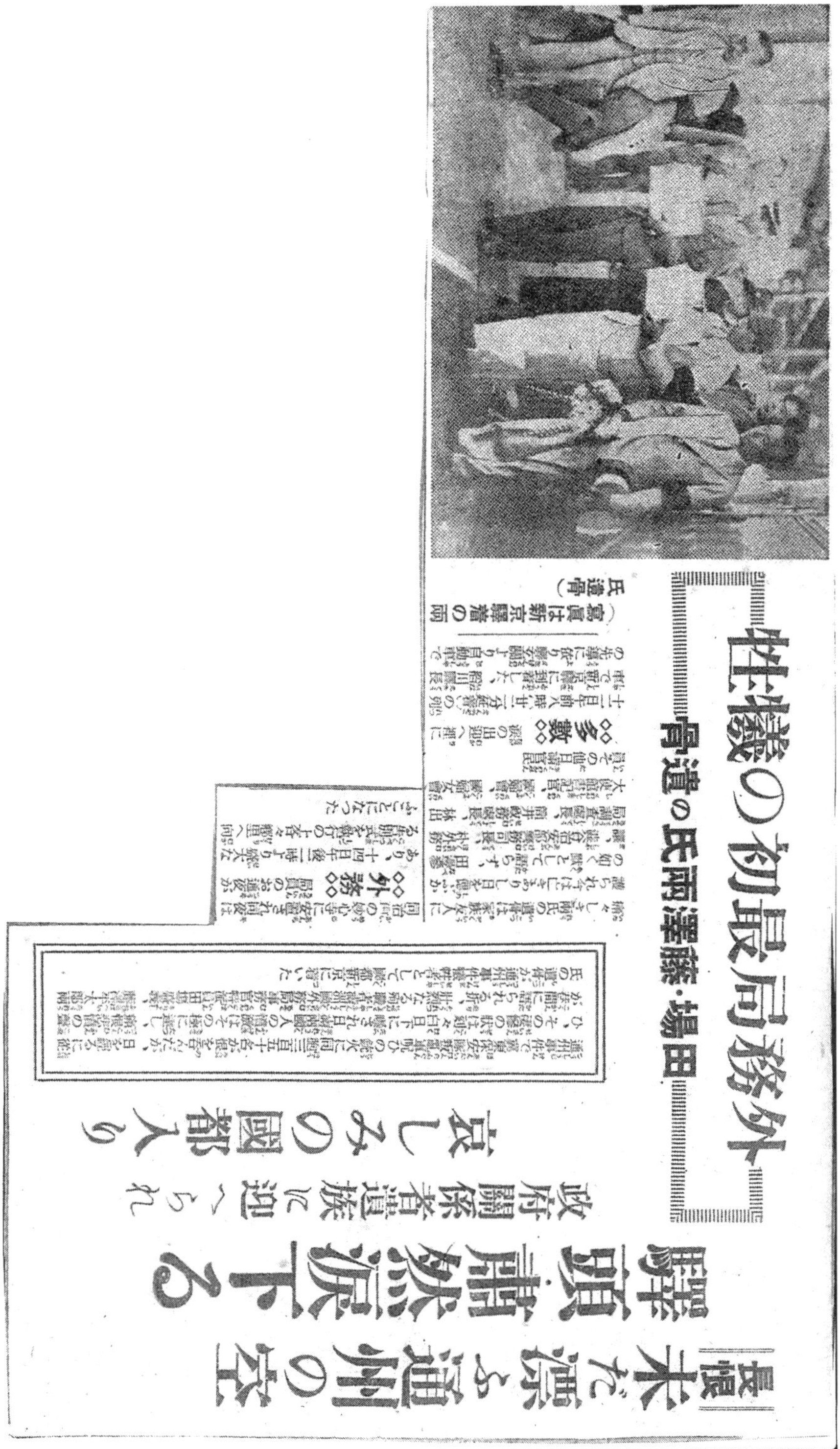

長恨未だ漂ふ通州の空
驛頭粛然涙下る
政府関係者遺族に迎へられ
哀しみの國都入り

外務局最初の犠牲
藤澤・田場両氏の遺骨

（寫眞は新京驛着の両氏遺骨）

6　大新京日報「外務局最初の犠牲」（一九三七年八月十三日）

7　琉球新報「想出す通州惨劇」（一九三七年八月二五日）

哀愁深し！那覇飛行場
想出す通州惨劇
田場氏の遺骨歸る
昨日盛大な出迎へ

去る七月二十九日北支冀東自治政府の首都通州において同國保安隊の反亂に遭ひ壯烈な殉職を遂げた滿洲國事務官田場盛義氏の遺骨はきのふ午後三時十分着内臺航空下り便ダグラス○○號で貞子夫人及び滿洲國外務局屬官山本永清氏に護られ涙の中に歸郷したこの日飛行場には故人の母堂カメさん、令兄盛徳氏、令妹秀子さん等の遺族を初め

森下總務部長、當間那覇市助役、松浦警察部長、高安首里市長末田司令部副官、太田朝敷、照屋宏、長嶺恩納村長、上原小祿村長、縣廳各課長、各中等學校長、在郷軍人代表、その他各官公商團体代表者

約百余名が盛大な出迎へをなす、やがてダグラス○○號の機影が碧空に現れ、午后三時十分飛行場着、遺骨を捧げた貞子夫人は黒い喪服に一入哀愁の色濃く、直ちに格納庫前の設けの席についたが變り果てた故人の姿に令妹秀子さんは貞子夫人にすがりついてわつと泣きくづれ母堂カメさんも今は物言はぬ息子の悲しき歸郷に堪へられず落涙する、この時飛行場上空に灰色の雲低く垂れ込め沛然と小雨降り、哀然場内に滿つ、かくて場内における挨拶を終り消防自動車を先頭に市役所、靈柩車、遺族の順で自動車十餘臺を連ね若狹町の宅へ向つた、尚沿道には市内學童、各中等學校生徒、在郷軍人、愛國婦人會、國防婦人會等が堵列して盛大な出迎へをなした

黒衣の貞子夫人
慄然！慘劇を語る

昨日故人の遺骨を抱いて歸郷した貞子夫人は事件當時を想ひ出しながら然し涙一つ落さず氣丈に左の如く語る

私は北平が危險だといふので事件十日前の七月十八日に新京へ歸りました、歸つてから丁度十日目の七月二十九日午前三時半に保安隊の叛亂があつて、十四五名の叛亂部隊が主人の役所へも襲撃してきたさうです、叛亂部隊は二隊に別れ二つの部屋に侵入してきて銃を五、六發ぶつぱなし田場はそこで即死した樣です、新京へは事件後四日目の八月一日に影山事務官が通知に來られ初めて主人の殉職を知りました、影山さんの話によるとお役所の前にコモに被はれた六十歳位の老人の死体と外にもう一つ放置されてあつた部屋に入つてみると今運んで行つたばかりとみえ死体はなかつたとの事です、漸く死体の一つが田場のと分つたが、火葬の材料がないので軍用のトラツクで北平へ運びそこで火葬に附したさうですお蔭樣で遺骨は持つて歸れましたが當時殉職した八人の人は遺

8 琉球新報「田場事務官の市葬盛義を極む」（一九三七年八月二六日）

田場事務官の市葬盛儀を極む

哀愁の聖歌、場に漲り

會衆一千各地から弔電

通州反亂で壯烈な殉職を遂げた滿洲國事務官田場盛義氏の那覇市葬はきのふ那覇尋高校々庭に於て盛大に開催された

參列者は故人の母堂カメさん、令兄盛徳氏、令妹秀子さんの遺族を初め縣から森ト總務部長、松浦警察部長、鹿士兵事課長等各課長、生田司令官、照屋安高安首里市長、長野那覇市會議長、長嶺恩納村長、胡屋一中校長その他各官公衙團体代表者、市内學童代表、一般市民等一千余名、肅然たる場内に充つ、午後四時一同着席後、遺骨入場、島袋市庶務課長の開式の挨拶があつてのち順次左記式順により告別式を執行、しめやかな聖歌が場内に漲り、想ひ出も新たに遺族代表の謝辭を以つて午後五時半盛大な市葬を閉ぢた

△遺骨入場

△開式の挨拶

△聖歌（會衆一同）

△聖書朗讀（北村牧師）

△祈禱（北村牧師）

△式辭（那覇市長代理當間助役）

△履歴（佐久原牧師）

△弔辭（知事代理森ト總務部長、長野那覇市會議長、長嶺恩納村長、胡屋一中校長、山本滿洲國領事官その他）

△弔電（滿洲國外交部長官、東京外語學校長、漢那代議士その他數十名）

△故人愛誦の聖歌合唱（野町牧師外合唱隊）

△祝辭（野原牧師）

△告別（森ト總務部長、當間助役、生田司令官、長嶺恩納村長、胡屋一中校長、長野那覇市會議長、白

◇故田場事務官市葬 （上）齋場全景 （下）祭壇を飾る花輪 （圓内）は市長代理當間助役の式辭

9 沖縄新聞「慰靈の讀經　死の都通州を弔問」名幸芳章（一九三七年十一月七日）

邦人遭難の墓地で
慰靈の讀經
死の都通州を弔問

皇軍慰問使　名幸芳章

十一月七日　沖縄新聞

▲北京入り

十九日北支の都、北京に着いた道の廣くて美しい事、綠の町である事、國際都市である事、が先づうなづかれる、天津で紹介された弘法大師信者の家に草鞋をぬぐ、柔かい布團、絹の上、實に久しぶりである。着のみ着のまゝねなくともよい、前線の夜を思ひ出し活躍しつゝ皇軍を思へば勿體ない氣がする

「戰塵を拂つて」と云ふ氣持で一風呂浴びる宮殿、博物館、景山公園、北海公園を二日がかりで案內された、明朝はいよ／＼邦人が二百人余りも虐殺されたと云ふ通洲へ慰靈に趣く事になつてゐる

▲死の都通洲弔問

十月廿二日午前八時北平發、一時間にして通洲に着いた、驛から五町位城壁に沿ふて步くと城門に出た着劍の看視兵に目禮して城內に入る雜誌や新聞で通洲事件の事は概略知つてゐるので道を步いてゐても、こゝでも殺されたであらうこゝの道を逃げたであらうと想像しながら『邦人遭難墓地』の方へ向つた、城門から數町行つた所にその墓を發見した、運動場のやうに廣い野原の中央よりやゝすみの方に『通洲事件邦人墓地』と大きい二丈位もあらうと思はれる柱に書いた墓標にして前には祭壇を設け香煙が立ち昇つてゐる

その後の兩側には高さ三尺位の白木の柱に個人の墓標がある、右側が內地人で左側が朝鮮人なのである悲憤の淚をのんで虐殺されたであらう同胞の人達の爲に慰靈の讀經をすませて各個人の墓標の前を敬意を表しながら步いた同姓の人が五人並んでゐるのもある三人もある、これは家族みな殺しにあつた人々であらう、地下に眠れる人の叫び聲が聞えるやうな氣がする。

ふと見るともなしに發見したのが故田場盛義氏の墓標だつた田場氏は自分が未だ沖縄にゐる時市葬になつた人であり遺骨も沖縄にあつたのだからまさか墓がこゝにあるとは思はなかつた、とびつくや

うにして田場氏の墓標の前に至り友人のハカを拜むやうな氣がした讀經後よく氣づいて見ると田場氏とのハカの前には線香をあげたあがあつた誰か知人が來たのだらうその余のハカにはどこにも線香をあげた所なく凡て大きいボ標の前の香爐に上げてある特別の人でない限り個人の前に線香をあげないのであらう。

或ひは〇〇〇〇〇〇〇思ふだに痛憤の涙禁じ得ない、その當時の事を想像しながら低個數十分、最後の敬禮をしてボ地を出た。

それから守備隊へ慰問に行つた、隊長山崎中佐に慰問の辭をのべると隊長は美髯をしごきながら當時の模樣を話してくれた「自分は事件當時こゝに居つたのではないが事件後五日こゝに着任した」と切出して敵兵がどうやつて來て味方はどうして防いだとか懇切に説明した後屋上に上つて尚一層[illegible]しい狀況を聞いた屋上には當時の隊長藤尾大尉の墓がある。こゝで戰死されたさうだ、敵の砲彈を受けて屋上は亂雑してゐる、屋内は諸所に敵の小銃の彈の通つた跡がある玄關横の室は蜂の巣のやうに穴があいてゐる。百人位の守備隊が三千人余の敵の襲撃にあつて最後まで死守した所だけあつて至る所彈痕のない所はない、隊長に別れを告げて有名な近水樓へ行つた、整理されて當時の面影は余り見られないが押入れの中の血痕や敵が劍でつきさしたあとは殘つてゐた。

こゝで十人が殺されたさうだ。

それから城壁に沿ふて〇〇人珠數繋ぎにして〇〇されたと云ふ場所へ行つた北門の側である、前に濁つた池があつてそこにぶちこまれたさうだが、そこには「嗚呼邦人居留民遭難之地」の碑が黒痕も新らしく立てられてある。默禱してそこを通りぬけて三丁程行くと冀東政府財政廳と云ふ嚴めしい建物がある。その門の前には「嗚呼無念細木大佐戰死之場所」の碑が立つてゐる。事件突發と同時に特務機關細木大佐が財政部へ交渉に行きその門前に至つた時に數名の保安隊にやられたのだ、通りには一丁每に保安隊が立つてゐる。氣持は惡いが「日本人だ」といふ氣持が一杯になつて彼等の銃劍の前を事なもげに悠然と歩いてゆく中には擧手の敬禮をする隊員も居る、背は小さいが膽の坐つた日本將校と思つてゐるに違ひない。

それから復興旅館といふ日本人經營の旅館に入つてそこの取締役から當時の模樣と眞相を詳しく聞いたが余り長くなるから歸國後の土産話にしよう。（をはり）

那覇市護国寺境内の「台湾遭害者之墓」の移転改修を前に敷地を見聞する住職の名幸芳章（右）（1980 年）

10　コラム　通州事件と田場の雅号「耕南」と沖縄

又吉盛清

❖通州事件

田場は、一九三七年（昭和十二）七月二九日、北京の東二〇キロメートルの都市、通州（現北京市通州区。琉球国の救国運動に当たった脱清人の「琉球人墓」）で起こった通州事件で、体内に十数発の弾丸を受けて亡くなった。

死亡時の肩書は、満州国外交部事務官で、冀東防共自治政府顧問、通州特派員公署付弁事処副代表として執務していた。

冀東自治政府は、日本の華北への経済進出を計り防共、抗日を阻止するために関東軍によって仕組まれた親日派の傀らい政権であった。

事件は、その傀らい政権の保安隊が挙兵して、日本守備隊、特派員公署、特務機関、警察分署、旅館などを襲撃、二〇〇余人（朝鮮人を含む）が殺害された。日本人だけを狙った襲撃は、抗日的なものだといわれる。

田場は、この通州勤務を「左遷だ」と側近にもらし、漢那憲和代議士には、「ある種の重要工作」に従事していると伝え、夫人を新京（長春）に残し、単身で赴任している。

❖田場の雅号「耕南」と沖縄

田場の外交官としての資質について、県立第一中学校の同期生の当間重剛（元那覇市長・元琉球政府主席）は、田場のことを「語学に強く、覇気にとんだ性格で、十分に外交官としての資質を備えていた」と語っている。

同期生には、俊才が集まり、佐喜真興英、下地玄信、安良城盛英、仲宗根源和、島袋光裕らがいて、各界で活躍した。

満州国外交部の同僚の一人、山本永清は、田場のことを「兄の面影」として想い出を語り、「英文学、漢学をよくした。正論を好み、民族間の平和は、民族相互の立場の理解にこそある」と主張した、その誠実さと人間性を高く評した。

上司の松村寛は、田場は「語学と中国事情に強く、満州国承認を宣伝する英字新聞の翻訳、雑誌編集などを一手に引き受けていた」と証言している。

同僚や部下には、杉原千畝（ちうね）（大戦中、ユダヤ人にビザ発給したリトアニヤ領事代理）、竹之内安巳（戦後の鹿児島国際大学短期大学部学長）、浦野匡彦（二松学舎大学長）などの人材が輩出している。田場も生存していれば、雅号「耕南」にふさわしく、「沖縄を耕す」人物になっていたと思われる。

第5章　田場と共に激動の時代を生きて

1 「満州国」を生きた田場盛義と外交部

田場盛義が東京の外務省本省から、中国大陸を任地とした最後の漢口総領事館を後に、上海の日本商務官事務所に職を求めたのは、一九二七年（昭和二）のことである。田場はこの上海で六年余を過ごしているが、この間に後に外務大臣になる松岡洋右の上海視察の秘書役になって、得意の語学力と外交的な才能を活かして上海を案内している。

実はこの松岡との出会いが契機になって田場は、「満州国」外交部に一九三三年（昭和八）、転職することになる。田場のもとには、松岡がジュネーブから送られてきた葉書が残っている。そうしてこの「満州国」入りが、田場の運命を大きく変転させることになる。一九三七年（昭和一二）日本軍の傀儡政権、冀東防共自治政府の支配下にあった保安隊の反乱による、通州事件での殉職である。

「満州国」外交部での田場の主な任務は、各国に成立まもない「満州国」承認の宣伝業務であった。当時、田場の上司で政務司の宣伝科長の松村寛は、「田場は中国事情に詳しく、経済分析には群を抜いていた。海外の英字新聞、論評などの翻訳などは、主に田場が仕上げていた」と、その仕事ぶりを称賛している。

「満州国」入り前の田場が、上海で執筆した英文と和文の論考は、今、上海図書館に収蔵されている。執筆者は当時の日本の論壇を代表する著名な書き手が並び、それから推測しても田場の実力が分かると言うものである。

田場の人間的な側面についても、多くの上司と同僚が語り、「田場は信念の人であった。弱者に対する思いやりや、他人への配慮もよく、台湾人、満州人ともよく付き合い、好意を持たれていた」と述べている。

その台湾人の部下であった李（山本）永清は、通州事件での田場の死去を悼む書を寄せて「田場兄は、階級の上下を分けへだてるような観念はなく、正義派で人情に厚く、また正論を好み常に民族間の平和、立場・その心理を把握していた」と語り、「生涯自分の発見しがたい心の師として、深く田場兄の人格に触れた」としている。

私が一九八〇年一二月、名古屋市中村区の自宅に山本を訪ねた時、山本は、遠い日々の「満州時代」の田場を思い浮かべるように、「田場兄とは一心同体であった。その人間性を受けて、兄弟のような気持ちになった。田場兄はやっぱり沖縄の人間だったということも、よく理解するようになった。内面、外面とも優れた人物だった」と語った。

山本と同じころ訪ねた東京都杉並区に住む上司だった松村も「田場は人間として立派で、媚びへつらうこともない人間でした。田場さんはそれが一番だよ」と称賛している。同じく部下の一人であった前橋市紅雲町に住む浦野匡彦は、「田場さんは一番の適任者であった。物知りで文章もうまくよく勉強していた。中国関係にも一つの見識をもった考え方をしていた。敵のない温厚な人物で、後輩の我々にもよくしてくれた」と語り、今まで不明になっていた「満州国」での田場の重要な任務を知ることのできる次のような証言も出てきた。

「田場さんの外交部での大きな任務で覚えているのは、一九三五年（昭和一〇）六月頃、私が外交部から補佐役として北京に派遣された時、田場さんは「北京協定」をまとめていた。もう一つは「満州国」が欧米を相手に対抗する力がない時に、田場さんを中心に外交部の「アジアグループ」は、「通商協定」はどうするのか、どうあるべきかと議論していた」と語っている。ここでいう二つの協定は未見だが、田場の役割が大きかったことを知るものである。同じく部下の吉村為男は「田場さんの仕事は、極めて重要であった。学者タイプの勉強家で、満人官吏との信頼関係も厚く交友も多かった」と、他の証言者と同じ感想が多く聞き取れたものである。

田場の同僚、部下はこのように、「田場評価」を残したが、田場は不幸な侵略と植民地支配の時代の中で、その才能を東アジアの平和と親善に十分に生かすことは出来なかったのは残念である。また戦後、多くの同僚、部下たちが大学の学長など各界のトップで活躍しているのを見ていると、田場が生存していれば雅号、「耕南」のように「沖縄を耕す」大きな人物になっていたことは、間違いないと思われる。

（又吉盛清）

北京の街角で知人の中国人（謝さん）と散策する田場（右側）。通州赴任前の最後の写真と思われる（1937年6月）

2 同僚・知人らの田場観

(1) 外交部のメンバー

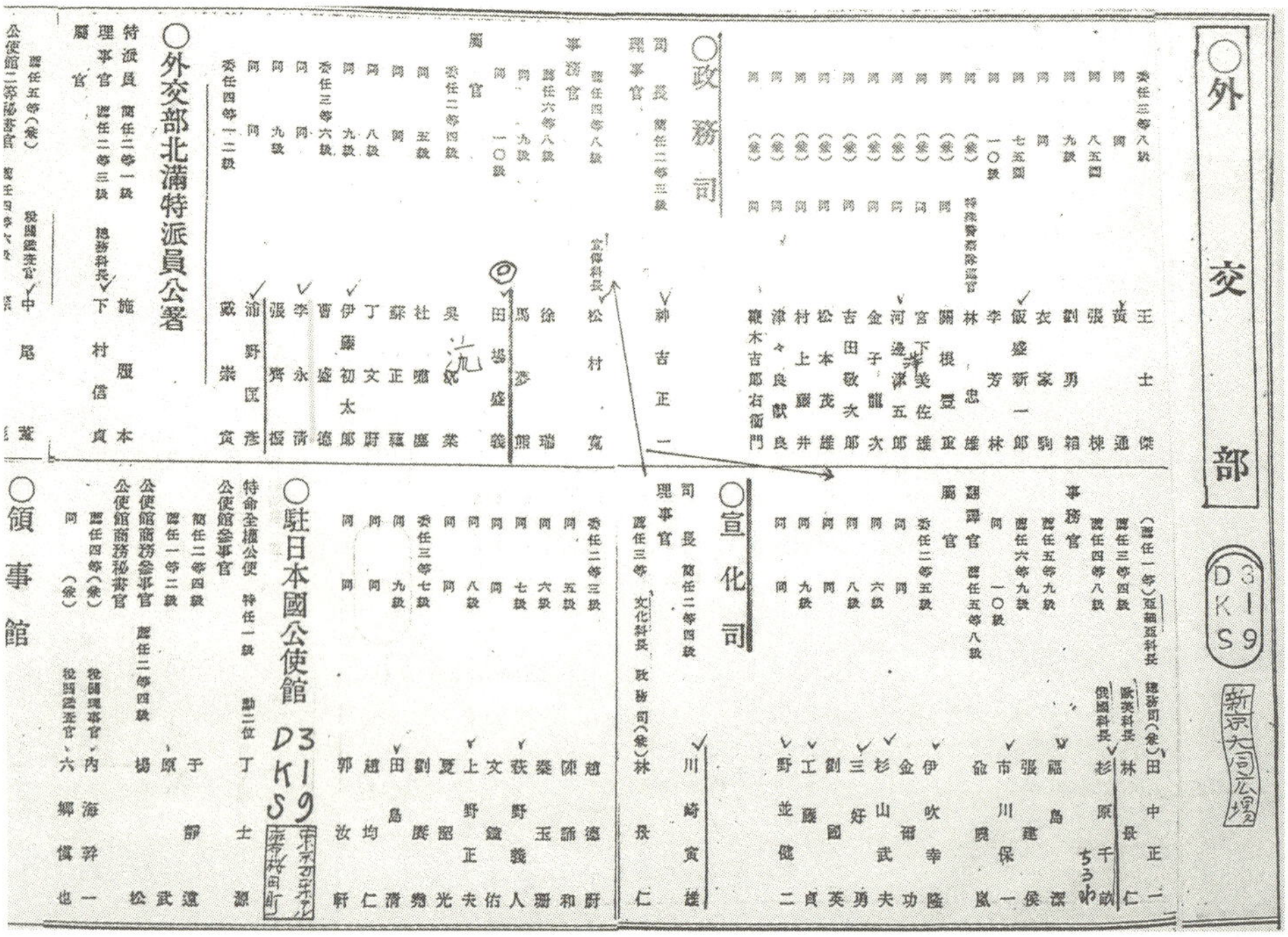

○外交部

委任三等八級 王士傑
同 同 黄[illegible]通
同 八五圓 張[illegible]棟
同 九級 劉勇[illegible]
同 同 衣家駒
同 七五圓 飯盛新一郎
同 一〇級 李芳林
同 (兼) 特殊警務監督官 林忠雄
同 (兼) 同 關根[illegible][illegible]
同 (兼) 同 宮下美佐雄
同 (兼) 同 河邊津五郎
同 (兼) 同 金子龍次
同 (兼) 同 吉田敬次郎
同 (兼) 同 松本茂雄
同 (兼) 同 村上[illegible]井
同 (兼) 同 津々良獻良
同 (兼) 同 [illegible]木吉郎右衛門

(簡任一等)政務司長 總務司(兼) 田中正一
簡任三等四級 歐米科長 林長仁
簡任四等八級 俄國科長 杉原千畝
事務官 簡任五等九級 [illegible]島[illegible]
簡任六等九級 張建保
同 一〇級 市川保一
翻譯官 簡任五等八級 [illegible][illegible]嵐
屬官 委任二等五級 伊吹幸隆
同 同 金[illegible]功
同 六級 杉山武夫
同 八級 三好勇
同 同 劉[illegible]英
同 九級 工藤貞
同 同 野並健二

○政務司

司長 簡任二等三級 神吉正一
理事官 簡任四等八級 宣傳科長 松村寬
事務官 簡任六等八級 徐瑞
同 九級 馬[illegible]熊
同 一〇級 田場盛義
屬官 委任二等四級 吳[illegible]業
同 五級 杜[illegible][illegible]
同 同 蘇正蘊
同 八級 丁文蔚
同 九級 伊藤初太郎
委任三等六級 曹盛德
同 同 李永清
同 九級 張齊[illegible]
同 同 浦野匡彦
委任四等一二級 臧崇[illegible]

○宣化司

司長 簡任二等四級 川崎寅雄
理事官 簡任三等 文化科長 政務司(兼) 林長仁
委任二等三級 趙德[illegible]
同 五級 陳[illegible]和
同 六級 桑玉[illegible]
同 七級 荻野義人
同 同 文[illegible]佑
同 八級 上野正夫
同 同 夏[illegible]光
委任三等七級 劉[illegible][illegible]
同 九級 田島清
同 同 趙均仁
同 同 郭汝軒

○外交部北滿特派員公署

特派員 簡任二等一級 施履本
理事官 簡任二等三級 總務科長 下村信貞
屬官

公使館二等秘書官 薦任五等(兼) 薦任四等 稅關監査官 中尾[illegible]

○駐日本國公使館

特命全權公使 特任一級 勳二位 丁士源
公使館參事官 簡任二等四級 于靜遠
簡任一等二級 原武
公使館商務參事官 簡任二等四級 [illegible]松
公使館商務秘書官 薦任四等(兼) 稅關理事官 內海[illegible]一
同 (兼) 稅關監査官 六鄉[illegible]也

○領事館

「満州国」外交部のメンバー。田場は、政務司に属し同僚に上司の松村寛、部下に李（山本）永清、浦野匡彦（戦後の二松学舎大学長）など、別署に杉原千畝（リトアニヤ領事代理）らがいた（1934年）

田場が在勤した外務部庁舎前での記念写真。
◎が田場で、前方に同僚の竹之内安巳（戦後の鹿児島短期大学長）（1935年）

（2）松村　寛

五七・一〇・二五

拝啓　先日はご遠方よりのお訪ねをいただき故田場氏に関する過去のお話をすることが出来てなつかしく思いました。貴方にお目にかかることを得て嬉しく存じました。お訪ね下され且珍らしいうるし物迄頂き誠に有難う存じました。厚く御礼を申し上げます。小生の記憶が老境の為オボロで余りお役に立たなかった事と思いますが此の点は何卒不悪思召し下さいませ。今後益々お活躍の上立派なお仕事をお続けになれます様心よりお祈り申し上げて居ります。先は不取敢お礼迄　敬具　松村寛

追伸　また御上京の折はお立寄り下さいませ

尚　家内よりもよろしく申添えてとのことであります

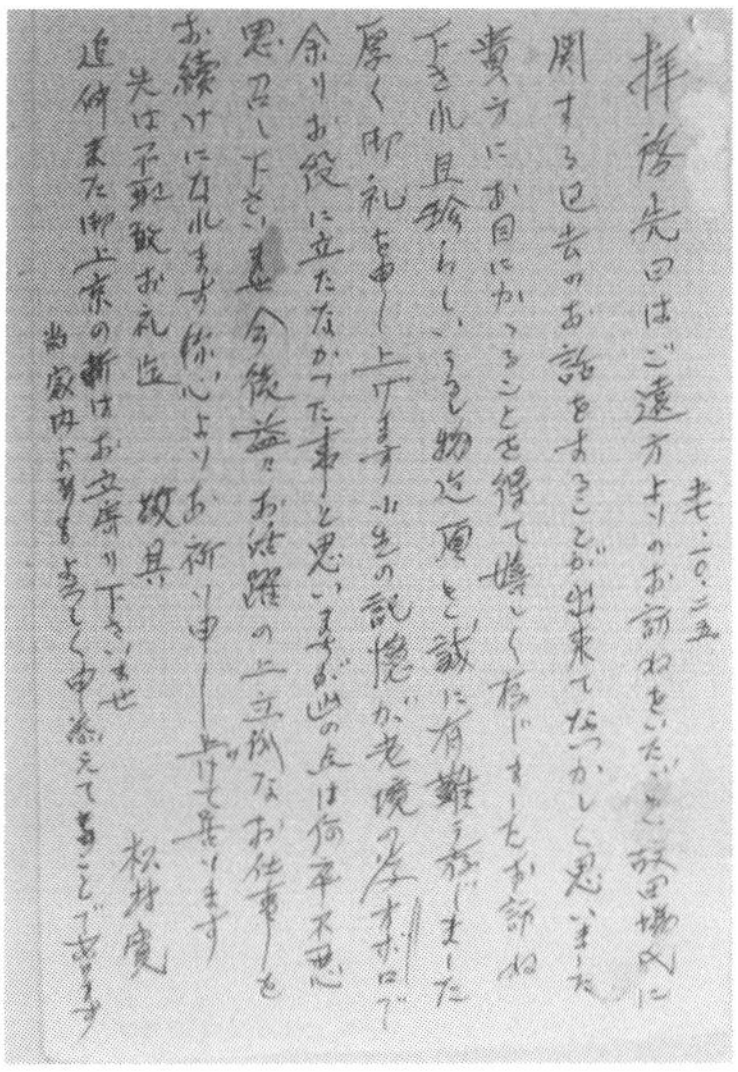

又吉盛清の取材を受けて送られてきた松村寛の返礼のハガキ（1982 年 10 月 25 日）

田場の上司の政務司科長の松村寛は、「田場は経済と語学（英語）に強く、国内外の新聞、雑誌などの翻訳に当たった」と評する（1982 年 10 月 23 日）

（3）李（山本）永清

前略　前にお電話に続き、今般また小生にも関連ある記録資料をご恵贈下され、ありがとうございました。田場兄に対する追慕の気持ち溢れて思わず眼底の熱きを覚え、万感処々伝って半世紀近い当時の思い出を続けました。おっしゃる由了の、また小稿記事通りの立派な方であり、この貴い伝記刊行を通じて、一層内外の発展に寄与されることを念願し、また故人の意志が生きることを祈り上げます。ご遺族の方々にも何卒宜しくお伝え下さい。不備　八〇年一二月

（白内障手術後とて視力わるく、粗乱な筆となりますので、ご寛恕下さい）

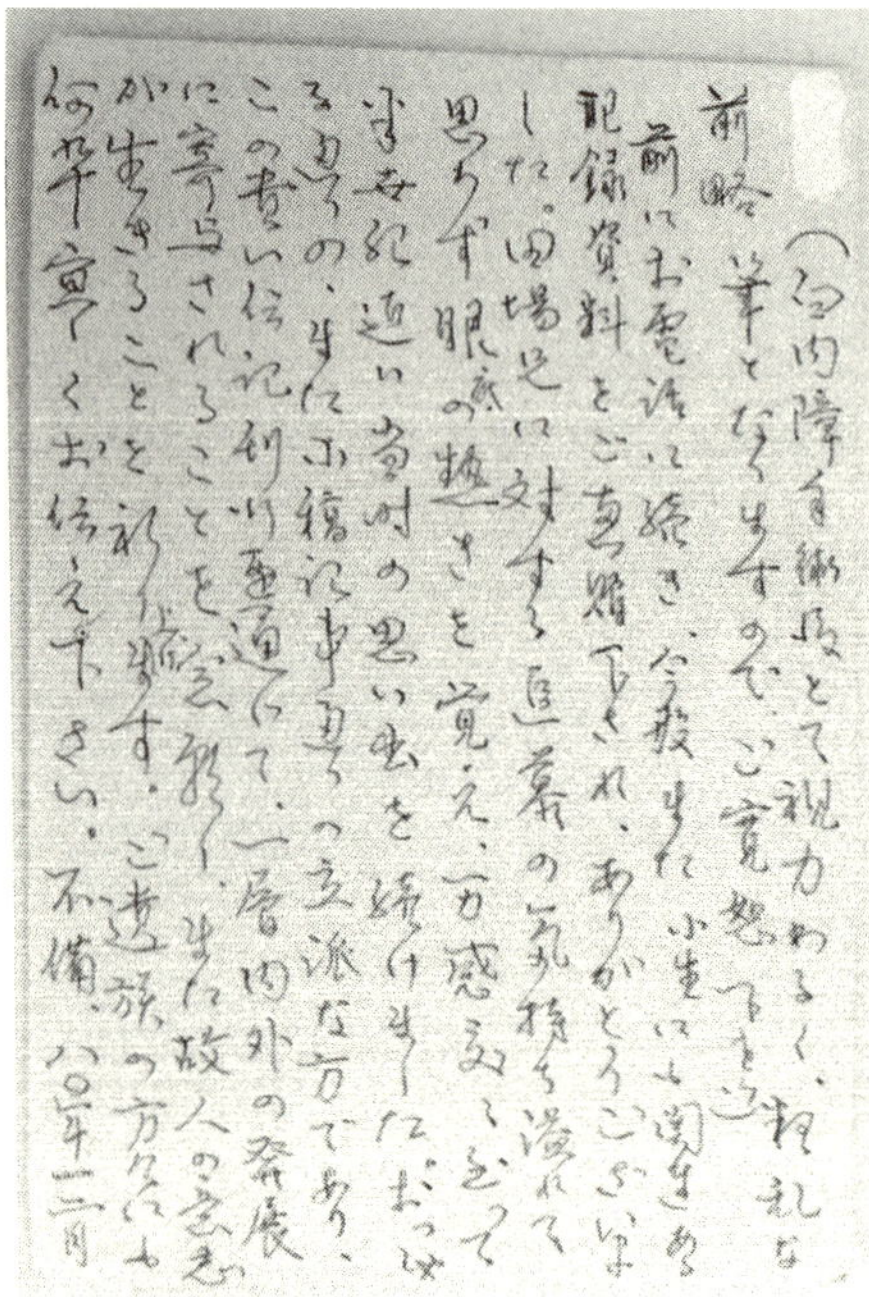
（白内障手術後とて視力わるく、粗乱な筆となりますので、ご寛恕下さい）
前略
前にお電話に続き、今般また小生にも関連ある記録資料をご恵贈下され、ありがとうございました。田場兄に対する追慕の気持ち溢れて思わず眼底の熱さを覚え、万感交々迫って半世紀近い当時の思い出を続けました。おっしゃる由了の、また小稿記事通りの立派な方であり、この貴い伝記刊行を通じて、一層内外の発展に寄与されることを念願し、また故人の意志が生きることを祈り上げます。ご遺族の方々にも何卒宜しくお伝え下さい。不備。
八〇年一二月

又吉盛清の取材を受けて送られてきた李（山本）永清の返礼のハガキ（1980年12月）

田場を通州に見送った李（山本）永清は台湾人であった。田場を「生涯自分の発見し難い心の師であった」と評した（年代不明）

（4）竹之内安巳

このたび故・田場盛義氏の伝記刊行の企画が進んでおります由、まことに感激いたしております。私は昭和九年五月から昭和二〇年七月終戦まで外交部に勤務しておりましたので、田場さんはよく存じております。あの忌まわしい通州事変のことは忘れたことはありません。その当時のことが今でも歴然と思い出されるとともに田場・藤澤両氏が殉職されたことは、前途ある俊英外交官を失い残念でなりません。郷土の有志の方が田場さんの伝記を刊行されることに深甚な敬意を表します。ただその後長年月が経過しておりますので、田場さんと親交のあった同僚友人も多くは他界し、また資料写真も収集が困難なだけに大変なご苦労のことと存じます。私は終戦後引き揚げましたがその後、写真・資料・記録等一切、持ち帰ることができませんでしたので、これらの実物を提供できないのが残念に存じます。しかし、私の記憶にある限りの田場さんのことについては昔を思い出してできるだけのご協力をいたしますので、お気づきことご遠慮なくお申し出下さいませ。

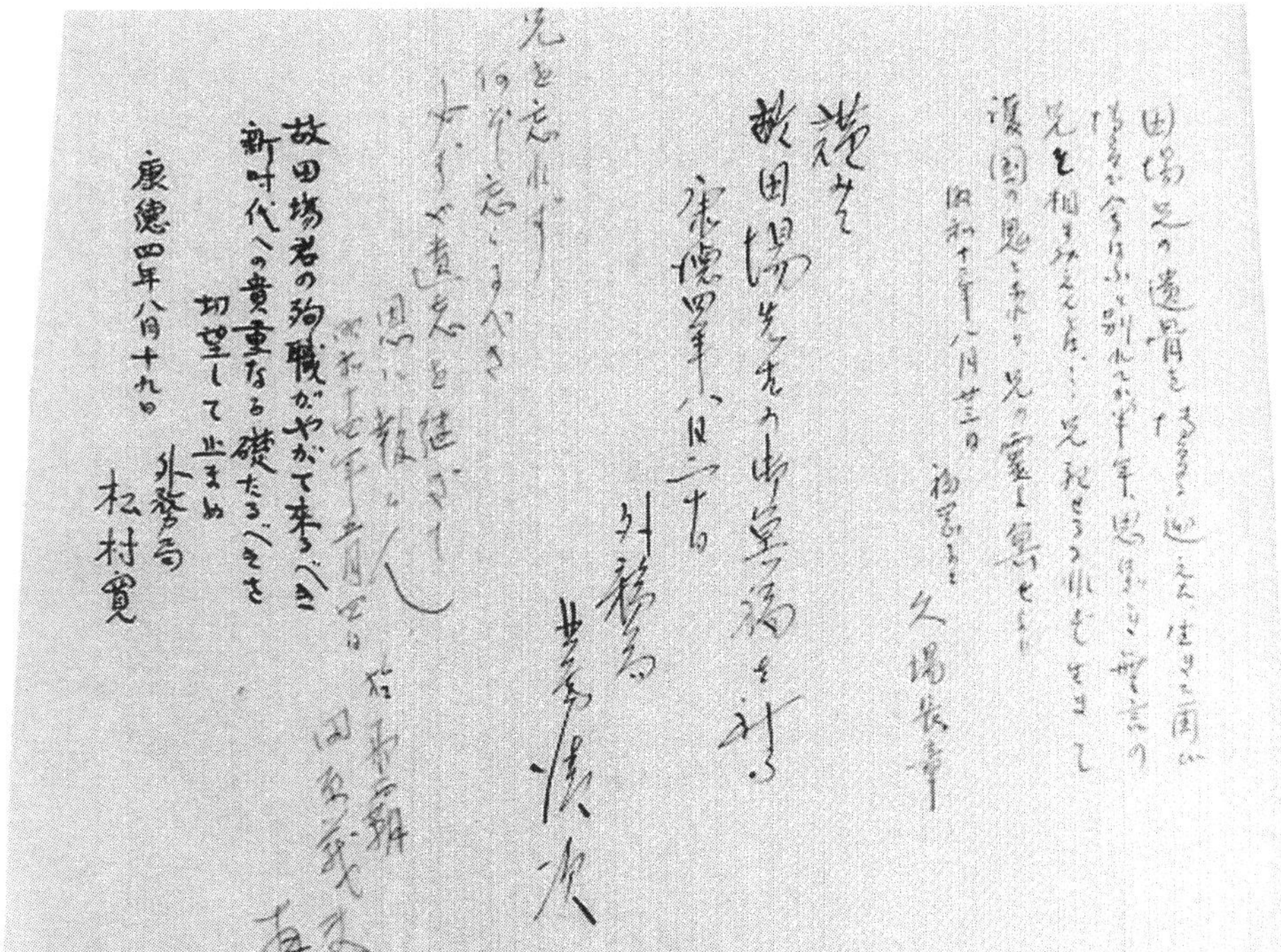
謹みて
故田場先生の冥福を祈る
康徳四年八月二十日
外務局

故田場君の殉職がやがて来るべき
新時代への貴重なる礎たるべきを
切望して止まぬ
康徳四年八月十九日
外務局
松村寛

田場の死をいたみ、外務局の同僚をはじめ多くの友人、知人から寄せ書きが集中した（1937年）

（5）吉村為男「田場盛義さんを憶う」

この度田場盛義さんの伝記を刊行されるに当り、又吉さんから田場さん殉職当時の新聞切抜や写真のコピーを送っていただき感銘を新たにいたしました。満州国は昭和七年三月建国されて、私は当年五月当時の外交部に入りましたが田場さんはその翌年通商司勤務としてお入りになりました。当時はまだ満州国と中華民国との外交関係は正常化されていなかったため、両国の貿易を如何に打開して行くか非公式に調査研究が進められていた矢先でもあり、田場さんの通商関係業務は極めて重要なポストであったと云う事が云えると思います。田場さんは私よりも十五才位年長の大先輩でありましたが今にして言える事はガッチリした体格に眼鏡をかけて学者タイプの勉強家でした。而も満州建国の意気に燃え鬱勃たる情熱を傾けて仕事に当たっていられましたが我々若い人の意見もよく聞いて満人官吏との間でも信頼が厚く交友も多かったようです。

昭和十一年通州特派員公募に義沢さんと共に満州国から特派され共にその敏腕を期待されていたのですが不幸にして通州事変で殉職された事は私達同僚と致しまして返す返すも残念に堪えない悲惨事でございました。南京事変は日本軍による中国人大虐殺と言われておりますが通州事変は正しく中国兵士による日本人大虐殺として歴史に残される事と思います。通州には私も事変前に旅行した事がありますが土造の十三層の塔が淋しく聳え立っている風景が今も尚印象的に残っております。茲に慎んで御冥福をお祈り申し上げます。（五七、一〇、三一記）

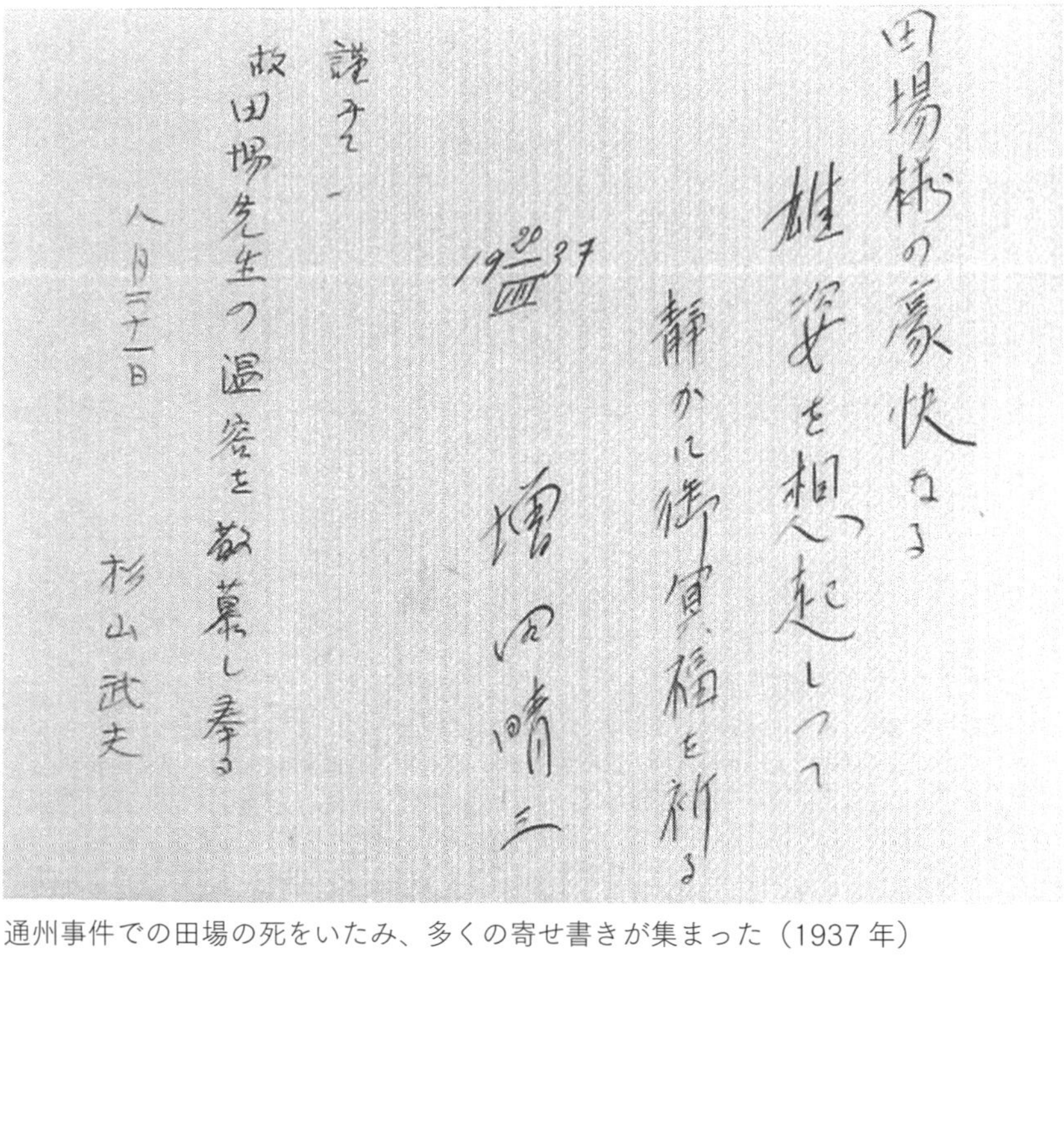

通州事件での田場の死をいたみ、多くの寄せ書きが集まった（1937年）

第6章　伯父との思い出、家族のきずな

1　田場家のうない（女性）たち

田中水絵

沖縄には古来、オナリ（姉妹）が霊力でエケリ（兄弟）を守護するという信仰がある。それほど兄弟姉妹の絆が強いのである。沖縄初の外交官・田場盛義と三人の妹、そして妻も、強く結ばれた力で家族に吹き付けた時代の風に立ち向かった。その軌跡を家族が守り抜いた書簡と新聞記事、そして盛義の姪・国吉美恵子の「満州の思い出」（『浦添市当山区成立八十八周年記念誌』二〇〇五年）から辿る。

美恵子のもとに「上海　田場」から「日本国沖縄県首里市綾門通り奥原様方　田場貞子殿」に宛てた封書が残されている。田場盛義が母親の看病で沖縄の実家に戻った妻・貞子（一九〇二～一九八二）に送ったものである。貞子は琉球王家・尚家の文書係であった奥原家の次女である。盛義は一九二六年に貞子と結婚し、翌年、上海日本商務館事務所嘱託の職を得て、貞子と共に上海に渡った。手紙が書かれた年は「明日は天長節といふので大騒ぎだ。然し今度は去年のアノ騒ぎにコリ……」という件から、上海の天長節祝賀会で韓国人が投げた爆弾により上海派遣軍司令官が死亡するという事件が起きた翌年、一九三三年であることがわかる。

文中、貞子の母の病状を気遣う言葉の後、オバチャンの帰りを待つ「小太郎」の様子が綴られている。子供のいない夫妻が我が子のように可愛がった小太郎は田場家に同居する妹・ツルの息子である。田場家の次女・ツル（一九〇二～二〇〇〇）は沖縄で医院を開業していた夫を亡くし、一九三一年、盛義夫妻の招きで四人の子供と母、妹・英の総勢七人で上海に渡った。

だが、一家を迎えた中国に嵐が迫っていた。翌一九三二年、上海事件が起き、田場家は焼失。しかし、当時、幼稚園であったツルの三女・美恵子（一九二八～）は上海時代を「一番楽しかった」と綴り、「私達を引き受けた伯父夫婦は、本当に優しい夫婦でした。……伯父は休日には家族全員を車に乗せ、あちこちらの公園に連れて行ってくれました。現在、家に残っている子供時代のたくさんの写真は、東京育ちの伯母が持っていたカメラで写してくれたものです」と回想している。

盛義は手紙で貞子に「小生は遅くも五月中旬頃までには当地を立つことに決心して居る。……小生の満州行きに就ては漢那憲和氏、与儀喜宣氏、森田孟睦氏には出状してある」と知らせた。盛義は上海事変のどさくさにまぎれて建国された満州国の外交部勤務が決まり、満州国の首都・新京へ赴くのである。漢那氏は夫妻の仲人で元・海軍大佐、尚家の五女と結婚した沖縄きっての出世頭である。貞子の姉の夫・与儀氏は台湾で要職に就いていた。

盛義は「……新京には未だ日本人の婦人や子供服店が一軒も

ない様で……国吉も又一つ新京にでもいって見ようかと思って居る」とツルの身の振り方に言及している。ツルは姉妹の中で最も盛義との結びつきが強い。ツルは外交官になった盛義の援助で沖縄の女学校と東京の洋裁学校で学び、盛義に紹介された国吉氏と結婚した。「お転婆」のツルも盛義の言うことには従ったという。

ここで田場家の女性たちについて触れておこう。田場家は明治時代の大方の沖縄士族の例にもれず困窮し、盛義の父はヤマト嫌いであった。しかし、母・カメ（一八六七〜一九五六）は東京への進学を望む息子を応援した。母を支えて家業の馬車屋で懸命に働き、兄に仕送りした長女・静（一八九六〜一九八九）は盛義が外交官になった翌年、ハワイへ嫁いだ。教師であった三女・英（一九〇六〜一九五二）はツル一家と上海に渡り、上海組合協会付属幼稚園に勤め、洋服店勤めで忙しいツルに代わって子供たちの面倒を見た。

田場夫妻と共に新京に移ったツルは洋服店を開いた。カメと英は沖縄に帰り、子供たちは相変わらず多くの時間を田場夫妻と過ごした。美恵子は小学生になったばかりのある日、伯父と散歩に出かけた時のことを綴っている。「……伯父はそこで立ち止まり、通りをへだてて見える鉄の扉を眺めていました。蘭の模様の施されたその扉の奥は、満州国皇帝の居城だったのです。伯父はその時、何を思っていたのだろうと、私は今でも思います」。

高い理想を抱いて満州国に渡った盛義の目に、日本の傀儡国家であった満州国のシンボル・蘭の花はどう映ったであろう。その後、盛義は通州に飛ばされ、一九三七年夏、通州事件で命を落とした。

夫の遺骨を抱き、黒いドレス姿で那覇空港に降り立った貞子。新聞は連日、殉職者の妻について報道した。『那覇尋高新聞』（那覇尋常高等小学校）の豆記者たちも「洋装の如何にも品のいゝ立派な御婦人」貞子にインタビューした。夫の性格を聞かれた貞子は「まあ随分落着のある男でした。如何なる場合に際しても決して自分を失ふ様な、あはて方をしませんでした」と答え、信仰に関しては「……クリスチャンでした。然し教会などには暇がなくて行きませんでしたが聖書は何時も手からはなしませんでした」と語った。那覇の市葬もキリスト教に則って行われた。

盛義の死は戦火の広がりと相俟って田場家の女性たちの人生に大きく影響した。貞子は長く再婚せず、太平洋戦争中は沖縄でカメと暮らし、ツルを残して満州から帰った美恵子たち国吉家の子供の世話に明け暮れた。盛義の手紙や家族の写真を守り抜いたのも貞子である。

英は上海から沖縄に戻った後、満州国とソ連の国境の町・綏芬河の小学校の初代教師となったが病のため沖縄に帰った。そして迎えた兄の死。盛義の友人たちが亡き兄に代わって縁談をまとめ、英はオランダ領東インドの日本人小学校の教師である沖縄出身の男性に嫁いだ。太平洋戦争中は母や貞子、美恵子たちを連れて台湾に疎開し、リーダーシップを発揮して家族を守った。ハワイに渡った静は真珠湾攻撃で深まった日系人差別に耐えながら食堂を経営し、戦後は沖縄の家族に物資を送り続けた。ツルはソ連が侵攻した満州から命からがら帰国した。戦後は東京で闇屋をして稼いだ資金を元手に、焦土の沖縄で洋服店やホテルを経営し、家族を飢えさせなかった。

　田場家の女性たちも兄と同様、軽々と羽ばたき海を越えた。その力を育んだのは沖縄初の外交官を兄に持った姉妹の誇りであろう。長身でカッコよく、優しい兄への慕情もあったに違いない。兄への尊敬と愛情で結ばれた姉妹は助け合い、兄の人生、兄の志を娘たちに語り続けた。そして娘たちは今、歴史に埋もれていた外交官・盛義に光を当て、その高い志を次世代に伝えている。オナリはエケリを守り続けているのである。

了

綏芬河の小学校の初代教師となった叔母英の足跡を探訪する国吉美恵子と同行者。
右から田中水絵、又吉盛清、国吉、王曉虹（2004 年 8 月）

2　妻貞子への手紙

四月二八日

貞子様　　盛義

啓、いつも掛念して居るのは母上様のご容態だ。然し、この前の手紙で少しは気を落着けて居る。ムクミが来ることは非常に心配ごとだ。若しこれがスッキリとれてそして食欲も出で通じもいく様になれば大丈夫癒をることと吾には期待し一生懸命祈って居る。神様の加護ありて必ずなをるであろう。一生懸命やって下さい。吾々は夕食の時にはいつでも首里の話だ。小太郎までは「オバチャン・ニッポン・イッタ」をいつまでも云って居るよ。今朝等「黒砂糖チョーダイ」とさかんにいって泣きっ面をして居る。「オバチャンがニッポンから帰るときお土産にタクサンもってくるよ、おとなしくまって居れ」といふと「黒砂糖チョーダイヨ」をさかんにくり返す。

（以下略）

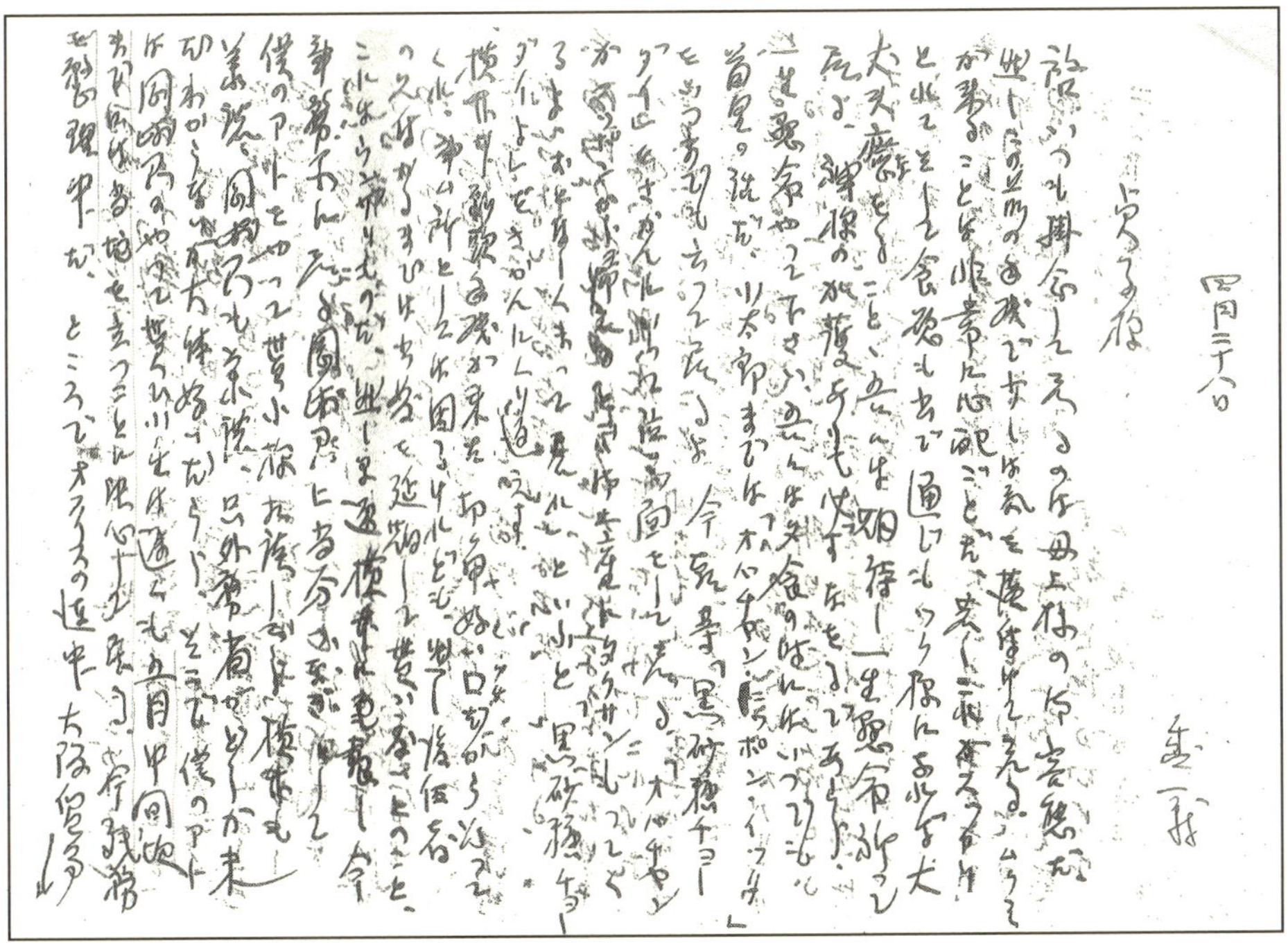

夫人貞子への手紙。田場は沖縄に帰郷した貞子に実母のことを気にし、孫「小太郎」の様子を伝えて励ましている。田場の家庭生活がしのばれる手紙である

右から甥の真、母堂のカメ、姪の其枝、夫人の貞子（年代不明）

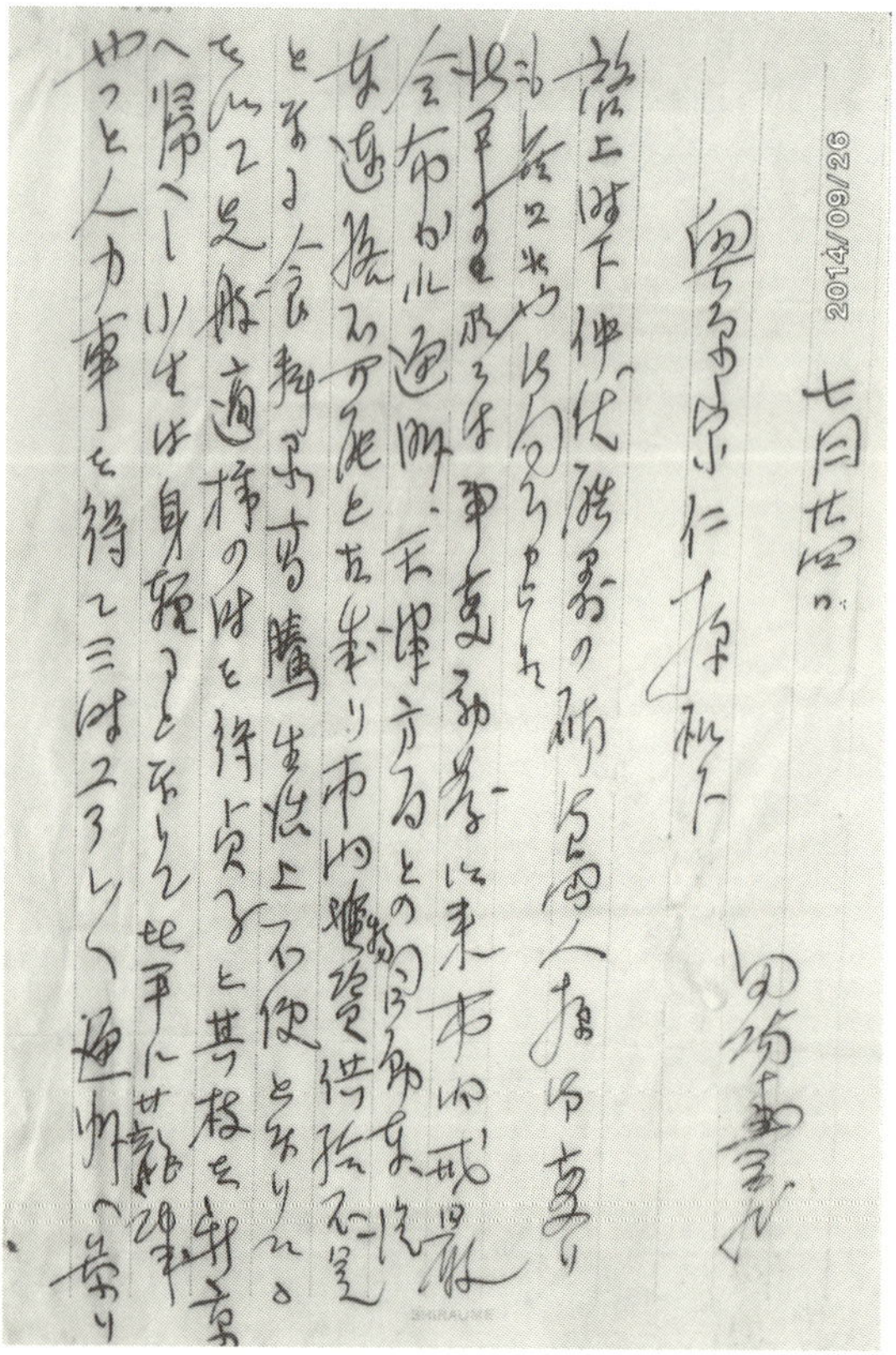

2014/09/26

七月廿四日

奥平宗仁様 私信

田場盛義

田場から夫人貞子の父、奥平宗仁あての手紙。北平（北京）、通州は戒厳令が布かれたので、貞子と姪の其枝は新京（長春）に帰したと記されている。通州事件で死去する6日前の文である（1937年7月24日）

那覇尋高新聞

3　故田場盛義氏の夫人を訪ねて

高二　玉那覇清

期日　昭和十二年九月三日
時刻　午後二時三十分
訪問者
高一　屋嘉栄三　　新垣寿英
高二　島袋雄吉　　輿座正雄
　　　玉那覇清

今日、いよいよ通州で壮烈な殉職をなされた田場盛義さんの奥さんを訪問する事にした

風のないどんよりと曇った蒸し暑い昼さがり私達は、こじんまりとした、田場さんの玄関先に立った。

「ごめん下さい。」平良先生のお声に応じ、やがてそこに、お姿を現わしたのは洋装の如何にも品のいゝ立派な御婦人でした。この方が私達の目指す田場さんのお奥さんだとすぐに分かった。

「私達は那覇高のものですが……」と平良先生が手にした名刺と一緒に奥さんに申しあげると、「あゝそう御待ちしていました。」と早速奥さんの御案内できれいに掃き清められた御部屋に通された。部屋の真中には田場さんの御写真を掲げた祭壇があり、そこには各方面から寄せられた弔辞や弔文が置かれなおお花や生前のお写真もたくさん並べられてあった。

其の外に満州国から送られた生前の動功をたゝえた辞令が立派な額になって床の間にありました。如何に田場さんが皆から惜しまれた立派なお方であったかと云うことが無言の中に、私達は読みとることが出来た。

大写しになった田場さんのお写真は絶えず私達に向って「おい俺に代って、お国のためにきっと有用な人になって呉れよ」と微笑をもって呼びかけていらっしゃる様な御表情でした。しばらく、しいんと皆黙っていた。それはいろいろと亡くなられた田場さんをめぐって皆の胸が一ぱいだったからです。

「さあ皆さん、田場さんのお霊前に黙とう　しよう」と平良先生の発議で一同が暫し黙とうを初めた。

其の間、奥さんや田場さんのお母さんも側で一緒に黙とうをなされた。それがすむと、

平良先生が

「ほんとうに惜しいことをしました。」

と如何にも残念そうにおっしゃった。

「どうもありがとうございます。」

と奥さんはまた改って私達に御挨拶をなされた。其の間今は一人息子に逝かれた田場さんの老母。お婆さんがこみあげて来る

悲しみを、おさえて、いろいろと田場さんの少年時代のことから今までの事を一つ一つ、今は悲しい思い出の一つとして私達に語って下さった。

それは家が貧しくて田場さんが一里もある浦添村から何時も頑張って勉強されたこと、生前から何か県のために大きな救済事業をやりたいと絶えず自分の抱負を口癖のように云われていたことも話しておられた。そして何時も国の為県の為を念じて最後迄御奮闘なされていたと語って下さった。

そこへ奥さんがお茶やお菓子を持って来られた。

「さあどうぞ………」

と奥さんのお言葉に皆は自分にかえった。そして
「お楽にどうぞ………」皆はそこで膝をくずして楽に坐った。

「何か質問があったら、さあ皆さん遠慮なく奥さんにきゝたまえ………」

と又吉先生がおっしゃった。

そこで墨が
「田場さんはどんな御性格な人でしたか………」ときくと
奥さんは
「御性格?」としばらく考えておられたが
「まあ随分落着のある男でした。如何なる場合に際しても決して自分を失う様な、あわて方はしませんでした。

今度も身のまわりの書類はちゃんとまとめて新京に人を頼んで送ったことでも分ります。それに家のことは、そうかまわん方で何時も国とか人のことに対してのみ一生懸命になる男でした。食事だって何でも食べる主義をとっておりました。それが、ために身体も至って丈夫な方でした。」

としみじみお話なさる。

次は高二の島袋君です。

「田場さんの御信仰は………」

「えゝ信仰ですかクリスチャンでした。然し教会などには暇がなくて行きませんでしたが聖書は何時も手からはなしませんでした。殊に内村かんぞう先生には私淑して一生懸命でした。」

と言われた。

「御遭難の通知を受け取られた時はどんなお気持ちでしたか」

と私が又重ねてきくと
「初めは非常に悲しくありました。でもこれは仕方がない事です。それよりか、もっと心配だったのは日本人としてひきょうな死に方はしなかったかと一番それが気にかかりました。然し田場は最後迄日本人として立派な働きをし身のまわりをかたづけ、役所の中で壮烈な殉職をしたことを後で知った時どんなに嬉しかったか、ほんとうに心を強くしましたね………。」

と何の動ずる御気色もなく立派に言い放った。さすが偉い田場さんの奥さんだと思った。

次に高一の新垣君
「田場さんの略歴をお願いします。」

「田場は大正三年に一中を卒業し、外語に入り、外語を出て

外交官の試験をパスし、それから、ずっと各領事館につとめ、最後は満州国の外務局につとめていました。」

そして其の間有名な松岡洋右先生の秘書として信望があったことなども話して下さった。

次は高二輿座正雄君

「県民の生活について改善すべき点はありませんか。」

「そうですか故郷に帰って一番目についたのは服装です。それはどうにかしないといけませんね………。」

とおっしゃった。

次は高一の屋宜君

「満州人と支那人についてお話し下さい。」

「満州人と支那人はとても嘘がお上手です、だから信頼できないのが多いのです。次にお金に対してとてもきたない執着があります。」

いろいろと例を引いて話して下さった。

最後に又吉先生から

「何かこの少年達に御希望はございませんか。」

「日支親善は東洋平和の基です。だから皆さんは大きくなったら、きっと支那人を可愛がってあげなさい。支那人は気の毒です。無智で分らんです。日本人で彼等の分らないところはよく教えて上げなければならないのです。これが私のあなた方への一番最後の希望です。」

奥さんのしみじみお話し下さるお言葉は私達の胸の中に迫って来る様な気がしました。

先生のお合図でそこを辞したのが午後五時半でした。

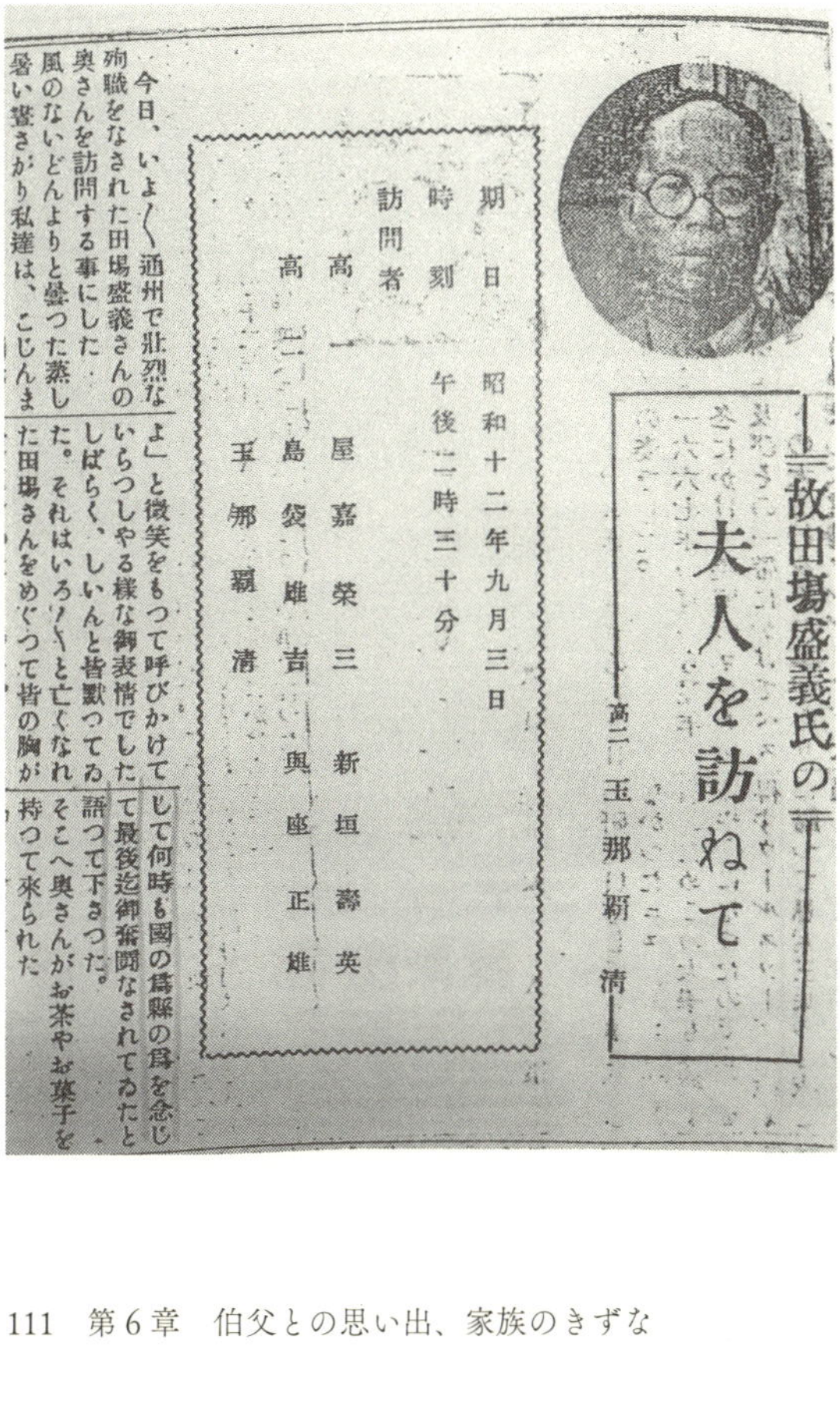

故田場盛義氏の 夫人を訪ねて

高二 玉那覇 清

期日 昭和十二年九月三日

時刻 午後二時三十分

訪問者 高一 屋嘉 栄三 新垣 壽英

高二 島袋 雄吉 輿座 正雄

玉那覇 清

今日、いよ〳〵通州で壯烈な殉職をなされた田場盛義さんの奥さんを訪問する事にした。風のないどんよりと曇つた蒸し暑い暑さがり私達は、こじんま

よ」と微笑をもつて呼びかけていらつしやる様な御表情でした。しばらく、しいんと皆默つてゐた。それはいろ〳〵と亡くなれた田場さんをめぐつて皆の胸が

して何時も國の爲縣の爲を念じて最後迄御奮闘なされてゐたと語つて下さつた。そこへ奥さんがお茶やお菓子を持つて來られた

那覇尋高新聞（1937年9月）

4 満州の思い出

国吉美恵子（田場盛義の姪）

琉球放送の方達と私が初めて浦添市の当山へ行ったのは、一九九七年の夏の頃でした。伯父や母達が生まれ育った屋敷跡の土地の形は元のままだということでした。

この場所に母は何度か訪ねてきて、ハワイにいた伯母（母の姉）も何回目かの沖縄帰りで母と当山へ行き、「屋敷跡、小学校、丘、川、首里へ行く道、みんな見てきたよ。もう思い残すことはない」と喜んで話しておりました。

当山の屋敷跡に立った時、祖母の話を思い出し、近くに川はありませんかと尋ねると、すぐ下にあります、とのことで、よく見ると、どの位の年月で丸くなったかと思われるほどの石を敷き詰めた道が川まで下り坂のまま続いていました。

昔、伯父が首里の一中に通っていた時（明治四十一年）、毎朝、この川を渡るのを祖母が上から見届けたという話を、私は母から聞いていたからです。伯父はお弁当と運動靴をカバンに入れて川を渡り、首里まで〃はだし〃で歩き、学校に着くと靴を履いたそうです。

中学時代から英語は得意だったようで、暑い夏の日曜などは、木に登って英語をしゃべるので、下を通る人は田場の息子は頭がおかしくなったのではないかと話し合っていたそうです。

一中を卒業し、外国語学校に入学、二年の時に外務書記生試験に合格。この時、合格した人は日本全国から受験した中で四人だったそうです。

一方、私の父の国吉眞政は、沖縄県立一中では伯父より二年下で、一中を出て長崎医専（現在は長崎医大）を卒業し、東京の菊池耳鼻科（天皇の侍医だったそうです）で研修をしている時、母は沖縄県立第一高女を出て、東京和洋裁女学院に入学。

父は研修後、帰郷する折り、伯父の紹介で母に会って結婚することになり、結婚後、県病院の耳鼻特部長の後、那覇市久米で開業、子ども四人生まれましたが結核になり、昭和五年死亡しました。私の二歳の時ですから、私は父という感じを少しも知りません。

その頃、上海にいた伯父夫婦は子どものいなかったこともあって、自分達が一緒に子どもを育ててあげるから上海においでと言われ、母は子ども四人と、祖母、妹の英を連れ、七人で上海の伯父の家に行くことになります。

それで母は、生涯「兄さんには苦労をかけた。伯父さんのことはしなくてはならないよ」と口癖のように私達に言っておりました。

私達を引き受けた伯父夫婦は、本当に優しい夫婦でした。

私達子どもは、伯父や伯母に見守られ、伯母は三時になると「お三時ですよ。みんないらっしゃーい」とテーブルの周りに呼び集め、熱い紅茶とお菓子、大人達はよい香りのするコーヒーを飲んで、楽しいおやつの時間を過ごすのでした。

母は子ども達を伯母や祖母に見てもらい、洋服店を始め、叔母の英は沖縄女子師範学校を出ていたので幼稚園の先生になって働き始めました。

私達姉妹も、姉二人は小学校に、私は英叔母に手を引かれて幼稚園に通っていました。

伯父は休日には家族全員を車に乗せ、あちらこちらの公園に連れて行ってくれました。

現在、家に残っている子ども時代のたくさんの写真は、東京育ちの伯母が持っていたカメラで写してくれたものです。あの時、伯母は何というカメラを持っていたのかしらと、私は時々考えます。

一番楽しかった上海時代でも、上海事変があって家が焼け、大変な苦労をしていただろうと思うのですが、私達子どもは恐ろしいことは何も憶えていないのです。

満州国が建国されて伯父の満州行きが決まり、またまた、私達家族の大移動が始まるのですが、祖母は親戚も友人もいない所より、沖縄の妹の家に住むことを望み、帰国することになりました。

満州の新京のある夏の夕方、伯父は浴衣に雪駄のいでたちで、私の手を引いて散歩に出ました。家を出て日本領事館の通りを三十分ほど行くと、路はゆるやかに右折しますが、伯父はそこで立ち止まり、通りをへだてて見える鉄の扉を眺めていました。蘭の模様の施されたその扉の奥は、満州国皇帝の居城だったのです。

伯父はその時、何を思っていたのだろうと、私は今でも思います。

けれどその時、私は小学校一年生。
何もわからず、ただ伯父に
手を引かれているだけでした。

二〇〇四年二月三日記す

（出典『浦添市当山区成立八十八周年記念誌　当山』）

5　綏芬河紀行

国吉美恵子（姪）

二〇〇四年八月二十四日　午後七時五十分那覇発　中国東方航空は一時間五十分で上海に着いた。

東京の田中水絵さんも北海道の旅の延長のまま少し後に着き、二年前の「満州」旅行の際の案内人の趙さんが出迎えてくれた。上海のホテルはキャセイホテル（現在はピースホテル和平飯店）。その昔伯父の田場盛義が後の外務大臣、松岡洋右に出会った想い出深いホテルである。

ホテルの建物はいはゆるバンドと呼ばれる上海湾岸の偉客を誇る建築群の一つで、一階のラウンジには映画にもなった有名なジャズバーがある。

翌二十五日　「満州」学習観光を終えた団体の方達を沖縄に送った沖縄大学教授の又吉盛清さんと三人で伯父の記念碑の石材を見に行き、福州産の大理石を選んだ。

二十六日　上海空港を九時発、十一時三十分、旧満州国のハルピンに着いた。案内の王暁虹さんと合流し、昼食は郊外の植物園で。

二時、借り切った小型バスで高梁（りゃん）と玉蜀黍（とうもろこし）の畠が地平線まで続く「満州」の曠野を走りに走り、六時間かけて綏芬河に着いたのは夜の八時だった。

綏芬河は「満州」の真中あたりを東に行ったロシアとの国境の街である。

昭和八年伯父の「満州」行きがきまった時、家族より一足早く叔母の英（母の妹）は綏芬河の日本人小学校へ赴任して行った。

叔母は沖縄女子師範を出、上海では伯父夫婦、私達家族と一緒に暮らし、上海中日基督教会附属幼稚園の教師をしていた。ある朝叔母に手を引かれ幼稚園に行く途中、石につまづき転んだ私は持っていたお弁当箱を投げとばし、お弁当は地面にこぼれた。記憶はここ迄で叔母がどうやって片付けたのか少しも憶えていないのである。

そして幼稚園の教室で円になって座っている子供達の中に立ち、一人一人に握手しながら叔母は別れの歌を歌った。

グッバイ　グッバイ　さよなら　マアちゃん
グッバイ　グッバイ　さよなら　サーちゃん

こうして叔母は上海を離れ、綏芬河に行った。

綏芬河に向うバスの中で幼い頃叔母が教えてくれた歌を歌った。みんなも歌った。

誰が風を　見たでしょう
貴方も　私も　見はしない
けれど　梢は　頭を　下げて
風は　通り　抜けて　行く。

THE WIND　Christina Rossetti

Who has seen the wind ?
Neither I nor you !
But when the leaves hang trembling
The wind is passing thero !

Who has seen the wind ?
Neither I nor you !
But when the trees bow down their heads
The wind passing by.

（二〇〇四年九月二十四日）

田場盛義の姪、国吉美恵子（写真、真中）は、叔母の英が勤務していた綏芬河の小学校跡を訪ねる。左から王暁虹、田中水絵、国吉、又吉盛清（2004年8月）

6　田場盛義と貞子の結婚

日高清子（田場夫人貞子の妹）

鶴様!!

故盛義様貞子姉の結婚当時の模様は生前よりお聞き及びの事とおもいますが、先ず私としては出会いの時から順を追ってかく事にいたしました。当時の私は十七才でした。

一、大正十五年の佳き日（祝祭日）突然宮中参賀の（軍人礼服は全モールいかめしい姿をした）陸軍大佐漢那憲和氏（閣下）が我が家を訪問され私はお玄関でおどろきながら両親に取り次ぎました。

一、中国帰国の田場盛義様との縁談が貞子姉に白羽の矢が立てられたのです。

順調に進んで婚約の運びとなりました。

一、大正十五年十二月十八日（大安）漢那様ご夫妻の媒酌で目出度く挙式されました。

・披露宴は晩翠軒（東京一流の中華料理）で執行

・新婚旅行は熱海でした。

一、婚約中盛義様は父（宗仁）と時々夕食でサカズキをかわし中心人物の張作霖・蒋介石・政治上の話などして父ともなごんで下さいました。

・それから盛義様に誘われて貞子姉に付いて私も築地小劇場観賞したこと帰りは中華料理をご馳走になりました。

一、お屋敷は九段上の靖国神社の近く（現在は九段高校の学園です）

侯爵高昌様御他界で以後室様（百子様）と三人のお子様はお屋敷を東京市に（返還？或は売却？）により渋谷の道玄坂へ移転され、其時父は意を決して家職を退きました。近い処、飯田町に引越しました。

・田場家の新居は大森にきまりました。

或る日の日曜日たづ子姉夫妻と私・弟は大森を訪れ

・姉、独特の薩摩汁（豚汁）をたら腹いただき、オツマミも何かとありました。義兄達（與儀・田場兄）はビールで乾杯、男の心意気を誓ったことと今になって想像出来ます。楽しかったひととき夜もふけて終電にまに会うようにブラブラ散歩の足どりで帰宅した事も遠い遠い昔の夢物語りとなって胸が一ぱいになります。

・盛緑様（亡き方）は近くに下宿して法政大学の夜間に通う青年時代のひとこまであったと思います。

一、東京在住（あし掛け三年）は再度渡航の準備であったのです。

・外語学校（現外語大学）優秀で卒業、中国の外交官として勤務、東京では国際通信社の飜訳を担当され日本文を直ちに英文に訳しながらタイプされたとも姉から聞きました。

一、（昭和三年頃）始めは単身赴任で姉は飯田町の実家に待機し

てもらいました。二、三ヶ月（もっと早かったようにも思われました）後、上海より

・連絡があり姉は早速く旅装を整え、父と弟の見送りで出発しました。

・安着の便りと官舎前で二人写した写真が同封してありました。母は特別写真を何度も取り出しては、ほっとした様子今でも眼にちらつきます。

まだ書きたりないのではと思いながら乱文乱筆をお読みづらいこと誠に相済ません。お恥かしいけど、少しはお役にたつかしらんと気がかりにして失礼しました。

以上は故田場盛義様に関する（回）追想拙いことをおゆるし下さいませ。

故貞子姉は次女で、私との間に兄（次男）・姉（三女）（貞子姉から見れば弟・妹）が早死したので一番頼りに思っていました。姉は小学校入学前（幼児期）はきゃしゃであった由旧共立女子商業学校（現共立女子大学）を卒業後三越本店に入社しました。大正時代三越本店入社はきびしく地位の方推薦が必要で尚侯爵は（公、侯・伯・子・男）との交際が広く一度の面接でパスしました。

大正十二年九月一日関東大震災で焼け出された人達の住居が靖国神社の広場に東京市が建てたバラック（トタン屋根）が広場の両側（当時は桜の木だけが植っていましたからかなりゆとりがありました。

横手には立派な洋館建（地震のため外側の破損）・尚家がそびえていました。

以後室様（百子様）はお心を悩まされ被災者救済を思いつかれ手芸・手編（毛糸帽）賃金は（一オンスの単価をきめ）工賃を支払われ、姉は手芸が得意でしたから、教える立場でお手助けする事になりました。

尚邸宅の向い角に共立女子商業学校の豊原先生のお家がありました。好都合であったのでしょう。使者を通してご相談、又は先生をおまねきしたのか、とんとん拍子に実現したのです。

百子様とのふれあいはこの時はじまったようです。作品としてはセーター、チョッキ（ベスト）、ベビー服類等々が学習院出身の方々が出入りする（当時のことです）華族会館でバザーが開かれ好評でした。

其後は邸内の明き地に仕事場を造り、二十台余りのミシンが設置、軍隊の（主に木綿の下着・シャツ・ズボン下）ミシン掛の賃仕事を募集しましたら、バラック住いの人がかなり働きにきました。姉も係を受持って、尚家が移転前までつづきました。

昭和二、三年上海渡航連絡を受けるまでの待機中でリリヤン系の手芸を修得して指導を思いつき、若い女性相手になかなかの評判でありました。姉が上海に出発後、二、三の人が習いた

いと来ましたが、断るのも気の毒でしたから、私も姉に習ってましたから、自分では思い上りと知りつつ電気スタンドのシエードだけ教えて上げられました。

補足

故田場盛義様と貞姉は結婚後渋谷の百子様（以後室様）をお訪ねしてご挨拶に参上したと私は記憶していました。

（二〇一二年七月二六日記）

奥原４姉弟。田場の夫人、貞子は琉球王家の尚邸宅に勤務する奥原宗仁家の次女で、現共立女子大学を出て、東京三越本店に就職した才女であった。前列右から四女日高清子、八洲夫（清子の次男）、長女与儀田鶴子、晴美（清子の長男）、奥原うし（宗仁の後妻）。後列右から次男奥原宗忠、次女田場貞子（日高清子提供）

7 義兄田場盛義の思い出

奥原宗忠（田場夫人貞子の弟）

まえがき

私が大日本土木株式会社の用務で沖縄（那覇市）に滞在中の事であるが、本土建設業者の出先のメンバーの会合で、ある人がこんな事を言った。「沖縄の人を分けると三種類あるようだ。第一がウチナー・ウチナーンチュで、これは生れてから今日まで一貫して沖縄に住んでいる人で、純粋の沖縄人。第二がウチナー・ヤマトンチューで生れや育ちは本土或は海外であるが、現に沖縄に住んでいる人。第三がヤマト・ウチナーンチュで、生れや育ちは沖縄であるが、若いときから本土や海外ですごしてる人とに分けられる。ところで一番巾がきくのが第一のウチナー・ウチナーンチュで、第二、第三の順となり、第三の人達は如何に立派な人材でも、県内ではあまり尊重されないらしい。ましてヤマト・ヤマトンチュー（他府県人）は問題にされないようだ。」と。これは海洋博覧会を前にして本土より馳せ参じた本土業者達の印象的見方かもしれないが、この様な傾向は沖縄にはある（あった）のではなかろうか。これは一種の島国根性であって、広く見れば他府県でも、いや、日本人全体に通じる傾向かも知れない。

今、私は義兄田場盛義の思い出を記すためにペンをとったのであるが、何故冒頭にこんなことを書いたかと言うと、田場盛義はこの分類でゆくと、第三のウチナー・ヤマトンチューだからである。然しこの種の人達の中に立派な人材が輩出しているのであるが、沖縄の人達には軽視され勝ちとなっている。このことは、日本を単位として考えると、誠に残念な事である。今回田場盛義兄の伝記が出版される事を又吉盛清氏よりうかがい、一日同氏と沖縄がわすれてはならない人物について、私の知っているかぎりの事を、お話したのであるが、この様な試みが、現在及び将来にかけて、沖縄の人達の記憶にとどめられ、奮起の根元となれば、この上ない事と思うのである。

一、素敵なマドロスパイプの紳士

私が小学三年のときの事である。父が尚侯爵家に務めていた関係で家族は尚家のお屋敷（現在の都立九段高校の敷地全部）内に住んでいた。或る日学校から帰ってみると、客間に来客があり、にぎやかな話声が聞こえてきた。父がお客様に挨拶をしなさいと言うので、早速座敷へ行ってみると、床柱を背にして金ピカの肩章をつけた海軍の軍人と、ロイドメガネをかけて、マドロスパイプをくわえた青年紳士が並んですわっていた。この軍人こそは、沖縄初の海軍大佐（後に少将・代議士）漢那憲和氏であり、青年紳士こそは、これ又沖縄初の外交官田場盛義その人であった。

父が「お話を聞いていきなさい」と言うので、何の話か分らないが、しばらくそこにすわっていた。当時の少年にとって軍人は何といっても憧れである。漢那氏の堂々たる軍服姿は少年心を大いにゆさぶった。然しそれにもまして私の心をとらえたのは、隣りにすわった青年紳士である。髪は黒々として波をうち、ロイドメガネの底からは炯々たる眼光が人を射るごとく、又時おり口にするマドロスパイプからは紫烟がゆらぎ、話の中心は、この人物にそそがれた雰囲気であった。今はやりの「カッコいい」の言葉にぴったりの人だと好感を持った。これが田場盛義兄との出会いである。当時三越に務めていた姉貞子（この夕の花形役者）も女学校へ通っていた姉清子も帰宅して母の手料理も並べられ、にぎやかな小宴のはられた一夕であった。これがつまり田場盛義夫妻のお見合の場面であったわけだ。

それから事はトントン拍子に進み、この年十二月めでたく漢那御夫妻媒酌のもと結婚式にゴールインした。

私が今でもマドロスパイプを愛用しているのは、多分に盛義兄の影響があったものと思われる。

二、大陸へ

しばらくの間、田場夫妻は、我が家に滞在していたのであるが、任地大陸へ渡航する事となり上海へ向けて旅立って行った。以来私は一度も盛義兄とは会ってはいないのである。したがって大陸での活躍振りや、直接人柄に接する機会は全くなかったのであるが、以後は文通をもって交遊がつづけられた。

三、ジョン・ラスキンと田場盛義

私は中学時代を義兄與儀喜宣（長姉たづ子の夫。水産技師として農林省にながく務め、最終的には台湾総督府の勅任技師となった。これまたヤマト・ウチナーンチュであり、水産人としての沖縄初の人物である）のところですごし、その後北海道大学予科より工学部に進んだのであるが、この間、田場盛義との文通は月に一度は必ずあったものである。

中学の頃のことであるが、簡単な英文で葉書を出すと、その返事が便箋数枚にビッシリとその文章に対する懇切なチェック指導が書きこまれていた。このことは、私の英語力向上に大いなるプラスとなり、学生時代の原書による技術書の勉強も割に楽々と進めることが出来た。まさに盛義兄との文通の賜物であり、今以て感謝している。

そこで時おりの文通の中にしばしばジョン・ラスキンの言葉が引用され、兄の思想の一端が吐露されていた。今にして思うと、外交官としての活躍においても、又大陸での健筆な言論生活においても、ジョン・ラスキンの思想的影響があり、したがって、時の政府の方針に対しても心ならずとする点もあったのではないかと思うのである。彼が誠実なクリスチャンであり、リベラルな思想をもち、しばしば言われる「正義派で頭脳明晰正論を好み、温情篤実、親孝行者で勤直な人格者」と評せられる所以も、この辺にあるのではないかと思考している。そこで若干ジョン・ラスキンについて記さねばならない。

John Ruskin（一八一五—一九〇〇）は英国の生んだ美術及び社会批評家であった。近代絵画論（一八四三—一八六〇）全五巻は、芸術の基礎は民族及び個人の誠実さと道義にあると言うラスキンの美術原理を展開した大著である。彼が美術批評家を志したのは産業社会主義の出現によって失われた美を回復するためであったが、美術の再生は国民生活の再生によってこそ可能であると考える様になり関心を社会問題に向けはじめた。以後種々の文書により彼の芸術批評の原理であった倫理的見解を、個人から社会、芸術から経済へと拡大し人間生活そのものの原理を解明しようとして、資本主義及び唯物論的社会主義の経済学を批判し、人道主義の経済学を提唱した。思うに、満州国の建国を中心として様々な問題を廻って盛義兄の活躍があったのであるが、そこには思想的なやみも多いにあった事であろう。

四、満州事変

昭和十二年夏、私は北大予科三年であった。頂度夏休であったが、この年は帰省せず、涼しい札幌で休暇をすごしていた。盛義兄が満州国外交部より駐冀東通州特派員公署付事務官として派遣されたのは、たしかこの年の春であったと記憶している。度々の文通もしばらくとだえていたので、新任務で多忙をきわめているものと推察していた。家族（国吉つる子氏一家と共に）を北京に住まわせ、盛義兄は通州まで通勤しているとの事であった。

八月三十日（?）私は札幌郊外藻岩（もいわ）山の麓の下宿で一通の電報を受けとった。伝聞は「セイギツウシユウニオイテジユンシヨクスサダコ」であった。将来私も兄を追って大陸において活動したいものとの希望を抱いていたので、この報は青天の霹靂であった。卒業したならば再会出来るものと楽しみにしていた夢は、この事変によって完全に破れ去ったのである。家族の人達の悲しみを思い、その日は日暮まで藻岩山麓をうろつきまわり兄の冥福を心から祈った。

五、通州慰霊塔参拝

事変後遺族の方々は故郷沖縄に引揚げられ、又々沖縄戦において苦闘せられたのであるが……。

私は昭和十六年北大工学部鉱山工学科を卒業し、活動の舞台を大陸ときめ、国策会社北支那開発傘下の龍烟鉄鉱株式会社に赴任する事となった。蒙彊の山中に入る前にする事があった。

それは盛義兄の霊に参ることである。兄が大陸ではたしえなかった平和建設の願いを、地下資源の開発を以って報いたいものと真剣に考えていた。通州駅より洋車（ヤンチョ）にゆられて慰霊塔へと進んだ。白砂を敷きつめた広場の中央に純白の巨大な石塔がたっており、その裏には殉死した方々の名前がきざまれてあり、そこに田場盛義の四文字をはっきりと認めた。兄との再会がこの様な場面であるのかと万感胸にみつる思いで、しばし塔前にぬかづいたのである。

六、むすび

以上で私のつたない思い出話を終るのであるが、兄がもしも健在であったならばと思うのである。必ずや戦後の沖縄の、否日本の発展のために素晴らしい活躍振りを示したであろうと。兄の最愛の妻貞子も国吉家の方々の愛情のもとに平和な一生をおわった。今は遺族の方々が多幸にすごされる様、心から祈るものである。

終り

第7章　沖縄と東アジアの歴史・文化・平和的な共生を目指して、次世代へのメッセージ

1　田場墓地の建立と墓碑の除幕式

琉球新報　二〇〇三年七月二十九日

沖縄初の外交官　故田場盛義氏

あす記念碑除幕式

沖縄初の外交官で、一九三七年に北京郊外で起きた「通州事件」で命を落とした田場盛義の遺族らが建立した記念碑の除幕式が二十九日、与那原町の洪済寺で行われる。田場は語学力と交渉力を生かし、中国大陸で活躍したが、当時の日本軍部の大陸政策の渦中にのみ込まれ、中国の反日抗争の犠牲となった。田場の遺族や関係者らは「郷土を愛し、貧困からはい上がり、外交官となった田場の遺志を後世に伝えたい」と話している。建立と併せて記念誌も発刊された。

沖縄初の外交官となった田場（左から2人目）。上海に立ち寄った沖縄の歴史家・東恩納寛惇（同3人目）と交流を深めた＝1933年（『沖縄初の外交官　田場盛義履歴書』より）

沖縄初の外交官となった田場盛義（『沖縄初の外交官　田場盛義履歴書』より）

田場は一八九四年、浦添市の生まれ。東京外国語学校（現在の東京外語大）在学中の一九一六年に外務書記生試験に合格し、翌年に中国福州や香港に赴任し、外交官の道を歩み始める。一年間の通信社勤務を経て二七年から上海日本商務官事務所で勤務。実力が認められ後の外務大臣、松岡洋右の秘書役を務めた。

しかし、田場は日本の中国侵略の奔流に巻きこまれてしまう。三三年には満州国外交部に赴任し、三六年には、日本軍が作り上げたかいらい政権・冀東防共自治政府の東通州特派員公署の事務官となった。三七年、中国保安隊が日本軍人や在留邦人らを襲い、約二百人を殺害した通州事件で田場は殉職した。

通州（つうしゅう）事件　日中戦争ぼっ発直後の1937年7月29日、北京の東側にある日本のかいらい政権・冀東（きとう）防共自治政府の保安隊が挙兵し、日本軍人や在留邦人らを殺害した事件。日本軍の飛行機が通州保安隊兵舎を誤爆し、死傷者を出したことがきっかけとされる。保安隊は日本軍守備隊や特務機関、料亭などを襲撃し、約200人（半数は朝鮮人）が殺された。

田場は、外交官となっても郷土沖縄に思いを寄せ、自らの学問と体験を沖縄に役立てたいと考え、雅号も「耕南」（南を耕す）と付けていた。沖縄の産業振興や古い観念や因習を一掃するよう訴える文章も書き残しており、今回発刊された記念誌に収録された。

田場のめいで、幼少時に中国で生活を共にした国吉美恵子さん（七四）は、「叔父はイモ、はだしの時代に沖縄初の外交官となった努力の人であり、とても心の大きな人だった。通州赴任は『左遷だ』と周囲に漏らしていたようだ」と話す。

二十年ほど前から田場に関する研究を続けている沖縄大学の又吉盛清教授は「田場は才能を持ち、外交官となったが、厳しい時代に巻き込まれ、不幸にもかいらい国家のため働かざるを得なかった。有事関連法制など戦前回帰の危険な動きが顕著となる中で、田場の存在を知る意味は大きい」と強調している。

田場盛義記念碑の除幕式は二十九日午後四時から洪済寺で行われる。記念誌『沖縄初の外交官　田場盛義履歴書』は公立図書館や市町村の史編集担当課に配布される。

問い合わせは国吉美恵子さん☎098（898）1120。

琉球新報　2003年7月28日

田場盛義の記念碑を建立

中国で活躍 沖縄初の外交官

与那原町板良敷

めいの国吉さん 本も出版

【与那原】沖縄出身初の外交官・田場盛義（一八九四―一九三七、浦添間切当山出身）を記念する碑の除幕式が二十九日、与那原町板良敷の洪済寺で行われた。田場は、昭和初期に中国各地で勤務、満州国事務官になり、一九三七年に通州事件で殺害された。建立者で、記念誌を自費出版しためいの国吉美恵子さん(74)は「かわいがってくれた伯父に恩返しができ、ほっとしている。母が生きているうちならどんなに喜んだか、それだけを悲しく思います」と話した。

田場は満州国の事務官として赴任、抗日運動が激化する中で旧日本軍のかいらい政権、冀東防共自治政府の支配下にあった保安隊が起こした通州事件で殺害された。生前は雅号を「耕南」とするなど、沖縄のために学識と体験を生かしたいと思っていたという。

田場の実妹の鶴さん（故人）を母にもつ美恵子さんは、父の亡き後、中国で田場とともに生活。美恵子さんや両親は「世話になった恩を返したい」と、碑や記念誌を発行するのが長年の願いだったという。

田場を長年研究している沖縄大学教員の又吉盛清さんが編集・執筆し、美恵子さんが出版した「沖縄初の外交官 田場盛義履歴書」も収められた。

又吉さんは「田場は優れた才能を持ちながら時代の波に沈められた。その人生は有事法制が成立したこれからの時代を考えるとき、さまざまなメッセージを残してくれると思う」と話した。

1926年当時の田場盛義（「沖縄初の外交官 田場盛義履歴書」より）

田場の足跡を刻んだ碑が、国吉美恵子さん、又吉盛清さん、美恵子さんの息子太郎さんの友人久保田清光さん（左から）の手で除幕された＝29日、与那原町板良敷の洪済寺

沖縄タイムス　2003年7月30日

沖縄初の外交官

田場盛義記念碑

田場盛義は、一八九四年浦添市当山で出生。その任地は中国福州、香港、厦門、吉林、漢口の各領事館から一時期、上海日本商務官事務所に勤務。この上海で松岡洋右（後の外務大臣）に認められ、「満州国」外交部に入る。冀東防共自治政府成立後に満州国事務官（政府顧問）として派遣され、通州事件（一九三七年七月二十九日）で殉職。満州国葬の後、那覇市葬が営まれた。

田場盛義は、頭脳明晰、正義派で正論を好み、温厚篤学、謹直な人格者であった。雅号を耕南と称し、その学識と体験を沖縄の為に尽くしたいと念じていた。歿年四十二歳。沖縄と共にあった傑出した人物は、不幸な時代の中に半生を閉じた。姪の国吉美恵子は、実妹の母鶴の兄への感謝とその足跡を後世に残すという、その遺志を継ぎ、ここに記念碑を建立する。

二〇〇三年七月二十九日

建立者　国吉美恵子
　　　　故国吉太郎
撰者　又吉盛清

2　田場墓地の案内、眠れる先人たち（琉球新報　二〇一二年七月二七日　仲村　顕）

通州事件に散った外交官

田場　盛義（1894〜1937年）与那原町板良敷

今から75年前の1937年、中国河北省で通州事件と呼ばれる事件が起きた。このころ通州に冀東防共自治政府という政権が成立していたが、そこには日本人居留民をはじめ、日本軍守備隊・官吏など500人以上の日本人がいた。そこを自治政府の保安隊3000人が襲撃し、二百数十名の日本人が殺害されるという事件が起こった。これが通州事件である。そしてこれに巻き込まれた1人が、沖縄出身の外交官・田場盛義であった。

盛義は1894年に浦添に生まれるが、同年に日清戦争が勃発。この戦争が日本の勝利に終わると、沖縄では日本化の流れが加速していくが、言わば時代の転換期に誕生をしている。

勉学にすぐれ1913年に県立第一中学校を卒業すると、1915年には東京外国語学校（現在の東京外語大学）に入学、在学中に外務書記生試験に合格した。その後領事館職員として福州・香港・厦門・吉林・漢口など中国各地に勤務をするが、上海で「満州のサンスケ」の1人で、のちの外務大臣・松岡洋右の知遇を得ると、1933年には満州国外交部に入ることになった。その2年後の1935年に冀東防共自治政府が成立すると、翌36年、盛義は通州へ満州国事務官として派遣された。その赴任先で起こった事件が通州事件で、盛義はこのとき殉職、数え44歳であった。事件後、盛義は満州国葬と那覇市葬に付された。

田場盛義墓所。墓石には「国吉家」「田場家」と2家の家名が刻まれ、墓域左手には記念碑が設けられている＝与那原町板良敷

日清戦争から第二次世界大戦前夜までと、激動の近代を走り抜けた盛義は現在、与那原町板良敷の洪済寺に眠っている。洪済寺の霊園は与那原町と南城市の境界に沿って大里霊園と隣接するが、盛義の墓所は霊園北側、大里霊園寄りに位置する。墓所には2003年に建立された「沖縄初の外交官　田場盛義記念碑」があるので、この碑を目印にすると良いだろう。

―明後日7月29日は通州事件から75年にあたる日、つまり田場盛義が没してから75年を迎える日ということになる。

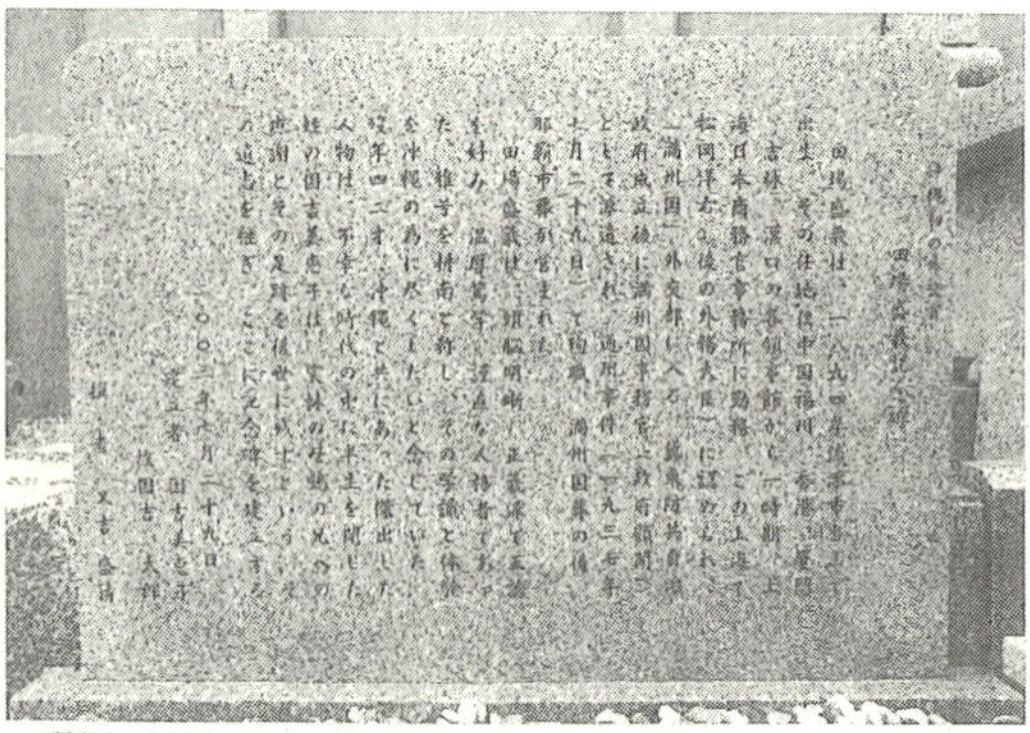

墓所に設けられた「沖縄初の外交官　田場盛義記念碑」。建立者名義は国吉美恵子（盛義の姪）と国吉太郎、撰者は又吉盛清

関連年表

1894年	浦添に生まれる
1913年	県立一中を卒業
1915年	東京外国語学校に入学。在学中に外務書記生試験合格
1922年	外交科予備試験合格
1932年	満州国建国
1933年	満州国外交部に入る
1935年	冀東防共自治政府成立
1936年	冀東通州へ赴任
1937年	通州事件によって殉職。満州国葬・那覇市葬に付されたのち、那覇市天久の墓所に葬られる
1938年	冀東防共自治政府解消
1945年	沖縄戦。8月、満州国滅亡
2002年	洪済寺に墓所が建立
2003年	墓所に「沖縄初の外交官　田場盛義記念碑」建立
2010年	浦添市の当山小公園に顕彰碑が建立

3　沖縄初の外交官　田場盛義顕彰碑の建立と当山自治会（二〇一〇年三月二八日）

当山自治会会長　神山高成

つい最近まで、当山では田場盛義の人物像は埋もれていた存在であった。もちろん当山に在住する親戚筋の間では、盛義さんと呼び、沖縄初の外交官であったという事実と幼い頃は庭先のガジュマルの木の上で本を読み耽り、地域ではその姿から「学ブラー」（学問狂い）と呼ばれていたエピソードは語り継がれていたようだ。いずれにせよ、詳しい経歴については誰も知らなかった。

浦添市当山区は首里からの士族が住み着いた小さな集落が始りであったが、大正五年（一九一六年）に本字であった伊祖、仲間、西原から分離独立した。今から約一五年程前、間もなく迎えることになる区成立米寿（八八周年）を節目に記念誌を発行しようという話が持ち上がり、間もなく「浦添市当山区成立八八周年記念誌編集委員会」が発足し、委員長に高宮城実一（故人）が就任した。

高宮城が当山に関する浦添市の資料をいろいろと調べているうちに田場に「遭遇」したのであった。高宮城は早速「沖縄初の外交官田場盛義履歴書」の著者である又吉盛清沖縄大学教授に接触し、田場に関する寄稿を依頼した。

記念誌は平成一七年（二〇〇五年）に刊行され、その中に又吉教授の特別寄稿として「沖縄初の外交官　田場盛義」と、併せて「田場盛義の姪御にあたる国吉美恵子さんの「満州国の思い出」が収録された。

高宮城は記念誌編集委員会の席で「記念誌の次は田場盛義の顕彰碑建立だ」と度々発言し、編集委員を鼓舞していた。記念誌編集が終盤に差しかかっていた平成一六年三月に「田場盛義顕彰碑建立期成会設立準備会」（会長高宮城実一）が発足した。

平成二〇年（二〇〇八年）一一月に、田場生家跡近くに浦添市が建設を進めていた待望の当山小公園の開園式で、儀間光男浦添市長は当山自治会の思いを汲みとるかのように「当公園の一角に田場盛義顕彰碑を建立する」旨言明した。ほどなく、小職は亀川雅裕浦添市会議員などと儀間市長を訪問し、「田場の顕彰碑を当山小公園の一角に建立したい」旨正式に要望した。

平成二一年（二〇〇九年）に第一回顕彰碑期成委員会（以下、委員会）を開き、第二代会長に平敷光弘を選出し、小職が事務局長に就いて、実行体制を整え、顕彰碑の建立位置、工事見積額及び設計図などを審議した。この場で顕彰碑の台座は浦添市から寄贈されることを感謝して報告した。

同年七月から、顕彰碑建立の意義について、広報チラシを作成し、地域の全世帯に配布を始めた。

続いて、同年七月末には委員会委員一〇名が又吉教授が主宰した「沖縄初の外交官　田場盛義の生涯展」を見学するとともに併催されたノンフィクション作家田中水絵氏の「田場家の足跡を訪ねて」と題し、田場の妹たちの軌跡を追った講演を拝聴した。

同じく、七月末に第二回委員会を開催し、儀間市長を顧問に迎えるなど委員会名簿を再構成し、建立位置の再確認と建立資金などについて審議した。

そして、八月には顕彰碑建立の趣意書を関係方面へ配布し、地域の内外で資金造成の募金活動を開始した。

趣意書には次のように記し、関係者の皆様のご協力をお願いした。「地域では、地元の枠を大きく超える一方、ふる里への思いを片時も忘れなかった先人を改めて知り、誇りに思い、出生地当山の名を期せずして高めたその人物に感謝し、関心を強め、敬意の念を抱いている次第であります。私達が今あるのは先人が汗と知恵と勇気を働かせて築き上げた土壌のお蔭です。今を生きる私たちは先人の努力を鑑とし、その知恵を学び、さらに継承者につなげていきたいものです。当会では田場が大きな志をもって勉学に励んだ覇気を子どもたちに伝え、沖縄社会について語った熱い思いを偲び、大きな度量で歴史舞台に登場した人物を沖縄の偉人・先駆者と位置付け、その生家跡近くの当山小公園に顕彰碑を建立したいと計画いたしております。今、地域社会は人と人とのつながりが希薄化する傾向にあります。地域では顕彰碑建立事業を共有目標とし、住民交流の活発化を図り、事業達成で子どもに夢・地域に名所の新しい価値を生み出し、地域力の向上と地域活性化につなげていきたいと考えています。」

平成二一年一一月一二日から二泊三日の日程で又吉教授が主催する「田場盛義と沖縄（人）を訪ねる上海・武漢（漢口）の旅」に儀間市長とともに委員会から五名が参加し、田場の足跡を学習し、顕彰碑建立の意義を再確認した。

実は、外務省沖縄事務所に対しては顕彰碑建立の趣意書を恐る恐る届けたのだが、案に相違して樽井澄夫沖縄担当大使が快く受け止め、同大使が呼びかける募金協力願いの記事が一二月発行の外務省ＯＢ誌「霞関会報」に掲載されたのだ。これには委員一同始め地域の関係者は大いに感激し、事業推進が強く後押しされた感触を得た。

平成二二年三月にいよいよ顕彰碑のコンクリート基礎工事を始め、同月に第三回委員会を開き、除幕式の日程、募金状況報告や予算執行などについて審議を行った。

同年三月二三日に顕彰碑は完成し、二八日に除幕式を行った。除幕式には儀間市長、樽井沖縄担当大使、又吉教授、国吉美恵子さん、浦添市及び恩納村（田場の家族の移住先）の関係者を来賓として招き、地域から大人と子どもが祭り的に参集した。

同年四月に第四回委員会を開き、募金状況を報告し、今後の顕彰碑の維持・管理は自治会が引き継ぐことを決議し、委員会は解散した。ちなみに、募金内容は会員及び親族・地縁・友人関係者が一八八人で一二五万円、浦添市の二一自治会から六万五千円、企業関係二四社から三〇万円、外務省の八人（現役の外国大使など中枢の高官など）から八万円など合計一七〇万円であった。

顕彰碑完成を受けて、浦添市は当山自治会と共催を図り市制施行四〇周年事業として、田場の業績を広く市民に周知する目的で又吉教授を講師とする特別講座「沖縄の外交官　田場の生涯」を平成二二年七月から六回にわたって開き、多くの市民が受講した。

当山自治会は周辺環境を切り口にまち作りの目標を「水と緑と史跡のまち」と定め、地域住民に周知を図っているが、これまでの当山の石畳道、浦添城跡とようどれの眺め、浦添大公園の緑及び牧港川に加え新しい資産として田場の顕彰碑が名を連ね文字通り画龍点睛を満たす形となった。

田場盛義顕彰碑建立実現に関わった多くの関係者に心から感謝の意を表し、拙文を結ぶ。

2004年、当山自治会が12名で田場盛義顕彰碑建立期成委員会を発足させ、建碑設立を有志と共に進めて実現。右から又吉盛清（田場盛義研究家）、平敷光弘（建立第2代会長）、国吉美恵子（田場の姪）、神山高成（自治会長）（2010年3月28日）

4 てだこ音頭誕生——田場盛義を詠う

儀間光男浦添市長。顕彰碑建立顧問として建立に尽力。次世代に継承する人材資産として、田場を顕彰する「てだこ音頭」を補作する。除幕式で三線をかなでる儀間市長（2010 年 3 月 28 日）

快活♪♪♪てだこ音頭誕生（作詞 作曲 銘苅盛隆 師範）
儀間市長　当山小公園に顕彰された
当山生れ 沖縄初の外交官 田場盛義を詠う（補作詞 二番）

小公園の田場盛義顕彰碑

<沖縄県指定無形文化財保持者>野村流音楽協会師範　銘苅盛隆（浦添市伊祖在、野村流音楽研究所主宰）はこのほど浦添市の発展と活性化を願って「てだこ音頭」を作詞・作曲した。儀間光男浦添市長は補作詞（二番）の依頼を快く引き受け、下記の詩が完成した。振付けは玉城流煌扇会家元又吉啓子（浦添市伊祖在、又吉啓子琉舞道場主宰）が行った。「てだこ音頭」は今年のてだこ祭りで始めて披露され、浦添市婦人連合会がその演舞に積極的に取組んでいる。

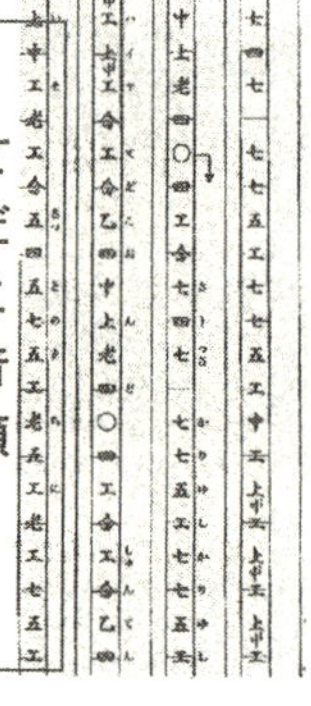

てだこ音頭

作詞作曲　銘苅盛隆
補作詞(二番)　儀間光男
振　付　又吉啓子

一、舜天・英祖・察度の都市に
世界の人が訪ね来る
歴史輝く浦添よどれ
文化育む浦添市
＊歌え踊ろサッサ嘉利吉嘉利吉
イヤサッサハイヤてだこ音頭

二、偉人の都市を歴史に学び
尚寧王に田場盛義
次代に繋なごうこの誇り
ヤサヤサクマドウ浦添市
＊（繰返し）

三、大花有明カズラの花は
太陽の恵みに生き生きと
笑い顔して御万人招く
人情豊かな浦添市
＊（繰返し）

四、南の風にゆらゆらゆられ
なびくカズラの花々は
人の心に和みを誘う
響むてだこの浦添市
＊（繰返し）

市制40周年 キラッと輝く希望の浦添 2010.07.01

浦添市市制施行４０周年記念事業　てだこ市民大学特別講座

「沖縄初の外交官：田場盛義の生涯」

浦添市当山出身で沖縄初の外交官、激動の時代に沖縄を背負い中国で活躍した田場盛義（1894～1937 年）の生涯を学び、多くの市民にその功績を継承し、浦添そして沖縄の未来を担う次世代に夢や希望を与えるため、特別講座を実施します。

中国吉林総領事館在勤の田場（1920 年）

日　時：平成 22 年 7 月 9 日（金）～8 月 1 3 日（金）18：30～20：00
最終回のみ　8 月 15 日（日）13：00～17：00（フィールドワーク）

回　数：全6回

対　象：一般市民、てだこ市民大学生等

講　師：又吉　盛清氏（沖縄大学客員教授）

受講料：無料（希望者には『沖縄初の外交官田場盛義履歴書』を 1,500 円で販売いたします）

場　所：当山小学校さくらホール、他

申込期間：平成２２年６月１日（火）～６月２５日（金）

【学習内容】

	月　日	内　容	講　師	場　所
1	7月9日（金）	生い立ち―その時代と背景	又吉　盛清 （沖縄大学客員教授）	当山小さくらホール
2	7月1 6日（金）	本省外交官勤務―その時代と背景	〃	〃
3	7月2 3日（金）	上海・商務官事務所勤務 ―その時代と背景	〃	〃
4	7月3 0日（金）	満州国・外交官勤務―その時代と背景	〃	〃
5	8月1 3日（金）	沖縄・中国の田場関係資料を読み解く	〃	浦添市役所 １階ロビー
6	8月1 5日（日）	田場と浦添の人物を知る フィールドワーク（現地探訪）	〃	現　地

（※5 回目の月日が広報うらそえでは「8 月 6 日（金）」となっていましたが、変更となりました）

講座終了後、当山自治会と沖縄大学又吉学級共同主催の

「田場盛義と沖縄関係者の足跡を訪ねる上海・武漢（漢口）の旅」も企画しています！

受講申し込み、お問い合わせは下記まで・・・多くの皆さんの参加をお待ちしています★☆

てだこ市民大学

浦添市「てだこ市民大学」事務局
〒901-2501　浦添市安波茶 1-1-1　浦添市教育委員会生涯学習振興課内
TEL　098-876-1234（内線 6064）　FAX　098-879-7280
E-mail　syogaku@city.urasoe.lg.jp　HP　http://www.city.urasoe.lg.jp

5

（2）那覇市歴史博物館・沖縄大学又吉学級企画展「沖縄初の外交官田場盛義の生涯」レジメ

6 田場・国吉家の家系図

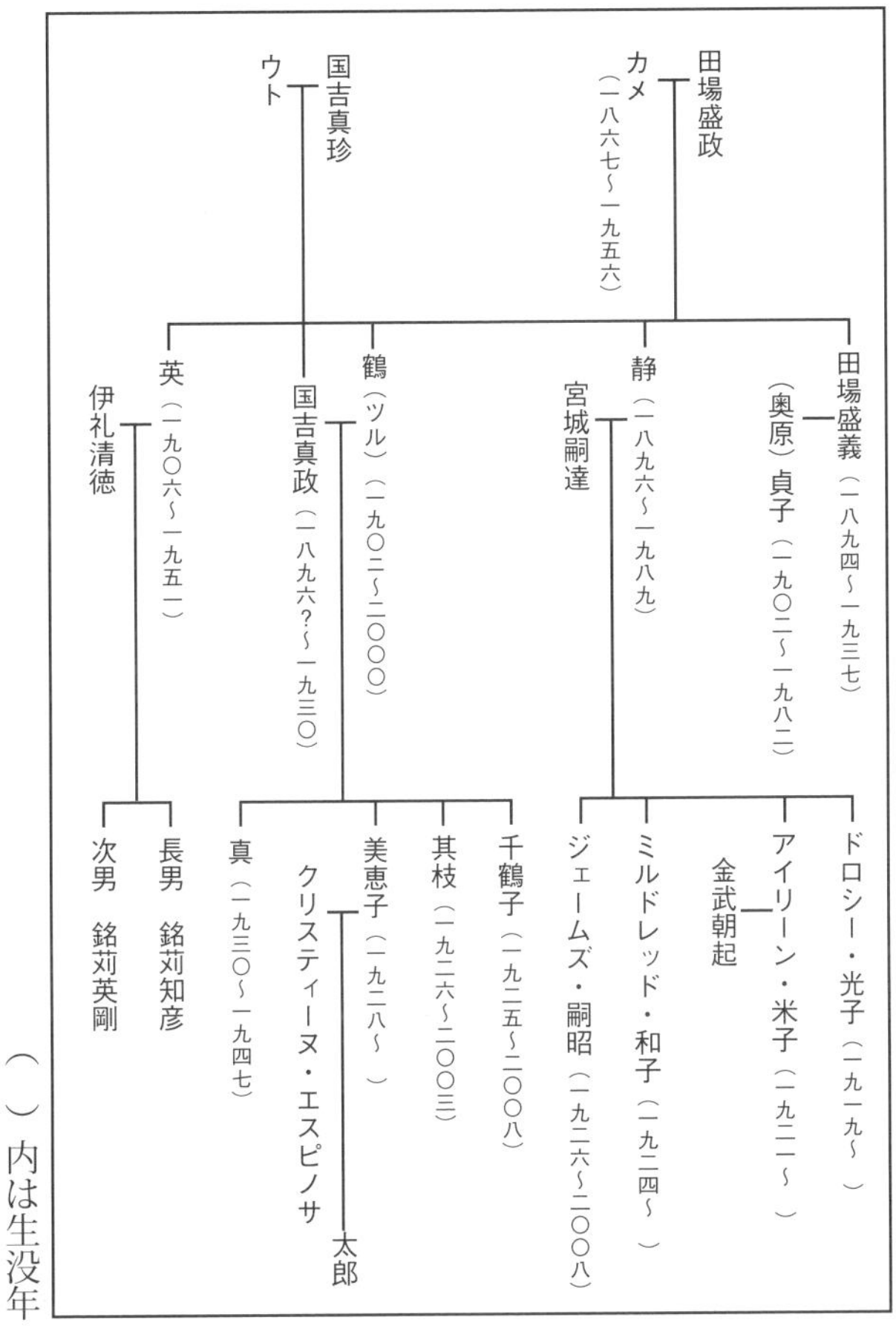

国吉ウト

国吉真珍

田場カメ

田場盛政

国吉真政

国吉　鶴（ツル）

田場（奥原）貞子

田場盛義

7 「満州国」概略図（中国北東部）

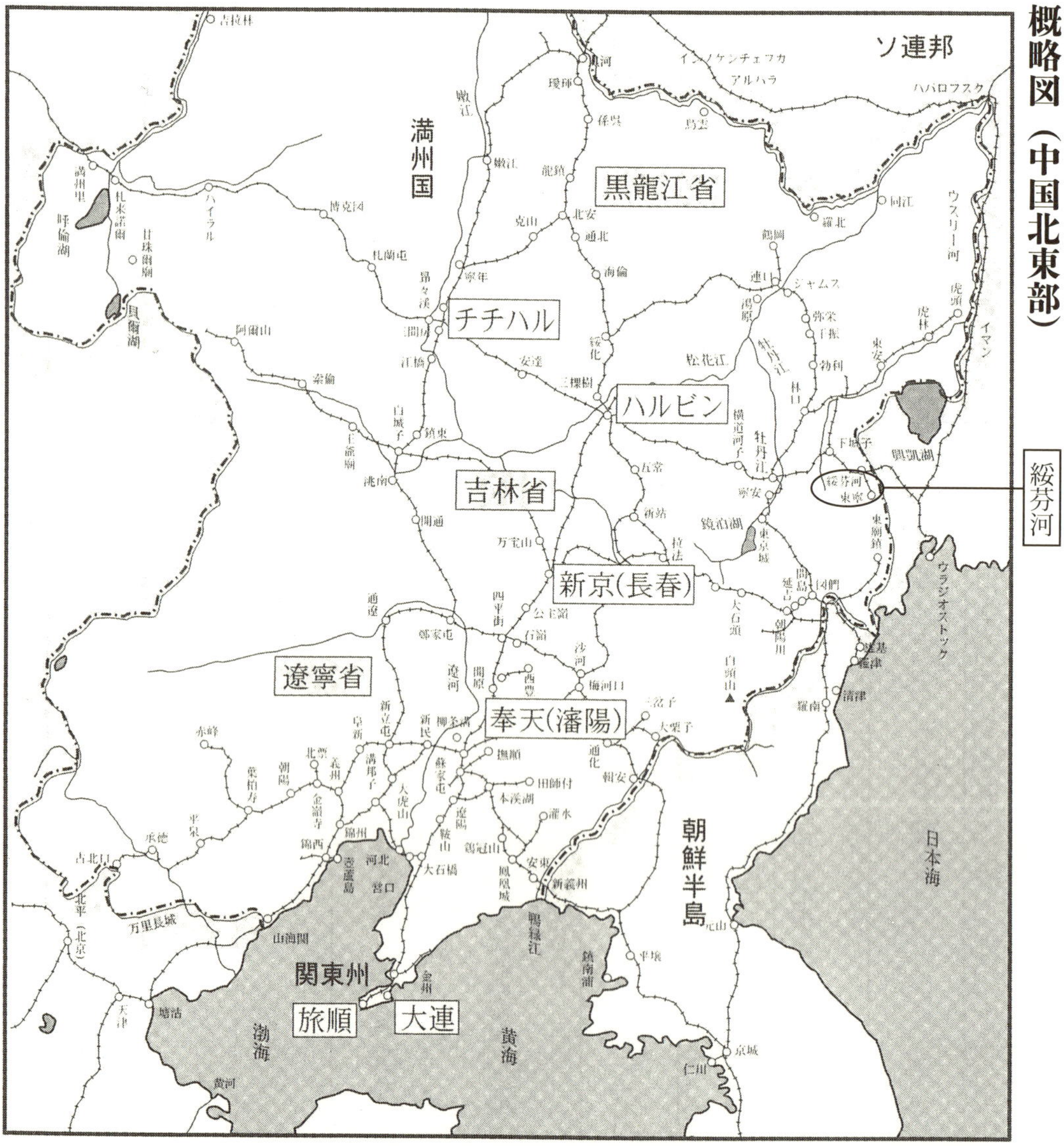

出典『沖縄初の外交官　田場盛義履歴書』編集・執筆　又吉盛清　文進印刷(株)　2003 年 7 月 29 日

あとがきと解説

本書は、二〇〇三年に出版した『沖縄初の外交官　田場盛義履歴書』（以後『履歴書』と略）に次ぐ二冊目の著書である。二冊目の出版になったのは、田場の姪にあたる国吉美恵子の伯父に対する深思なものがあったからである。国吉は伯父の歩みと生き方、人間像を明らかにして、その豊かな才能を侵略戦争と植民地支配下の「不幸な時代」の中に沈められた無念さを明らかにして再度、このようなことがくり返されることがないように、後生への警鐘にしたいとの思いがあってのことである。

では田場の豊かな才能とは何か、中学校の頃から語学に秀でていて、それが後の外交官を目指すきっかけになったのである。上海商務官事務所に勤務した頃の論文は、内外から注目されて入試では、東京帝国大学並みの難関といわれた、東亜同文書院の英文学の泰斗坂本義孝教授が、田場の「有力英字新聞に投稿せる論文は、中々堂々たるものである」と絶賛して学生たちに推奨している（『履歴書』一三二ページ）。

上海ではまた、満鉄の副総裁松岡洋右（後の外務大臣）の上海会議や視察の秘書役として、通訳を務めたことはよく知られている（『履歴書』一三二ページ）。田場の上海時代は、その語学力をよく発揮して英字系の新聞や雑誌などに経済分析の論文を寄稿している。（本書五六〜五九ページ）。「建国」間もない「満州国」の外交部でもその語学力が認められて「満州国」承認などの宣伝から、中国の経済分析などで力を発揮した。

上司の松村實は「田場は、中国事情に詳しく、海外の英字新聞、論評などの翻訳に精を出していた」と語っている（本書九七ページ）。和文でも東亜経済調査局発行の『東亜』に多くの論考を寄稿している。『東亜』は、軍や政財界から注目された当時のトップを行く論客が論陣を張り、中国経済の問題点や課題について、多面的に分析して情報を提供している（本書六〇〜八〇ページ）。

その書き手には、明治、昭和前期の経済学者の京都帝国大学教授の木村増太郎、蒙古語の大事典を編集した下永憲次らがいる。このように見てくると、田場は中国研究者、経済学者としても、全国的に力を発揮していたことになる。

当時の沖縄社会で英文、和文を自由に駆使して論考を寄稿していた中国研究、経済学者は皆無である。これらの論考は、この分野での沖縄における田場の先駆者としての地位を確かなものにするものである。私たちは、隠れたる一人の先駆者の存在を明らかにして、次世代に引き継ぐことになったのである。

本書では、人間としての田場、その人間性や生き方についても、関係者、同僚、知人などから証言を得ることができた。田場の生き方の中で社会的な使命感を表したのは、「耕南」を雅号にしたことである。自らの英知、学問、体験、を活かし「沖

一年志願兵として入隊した時の田場の軍隊手帳

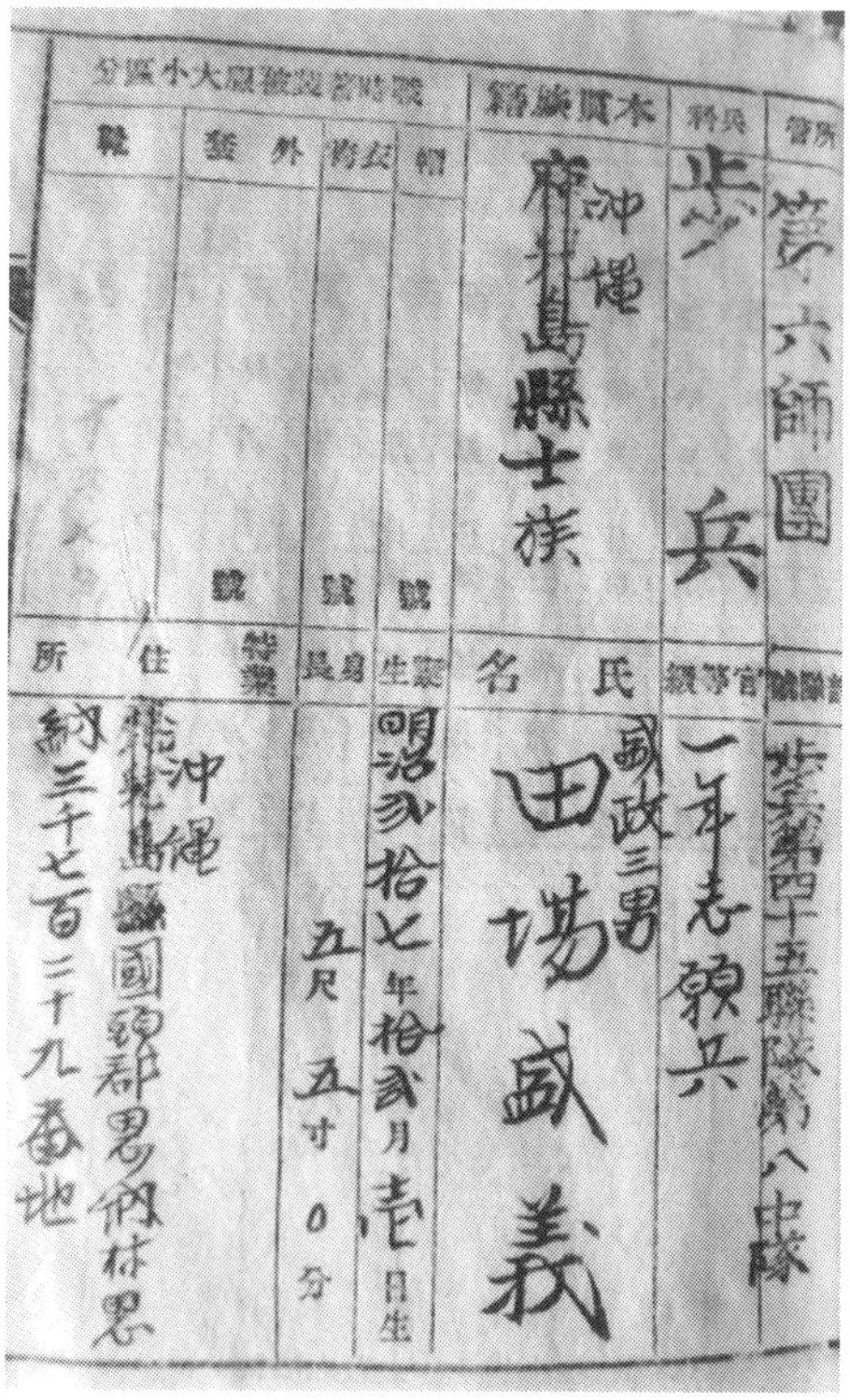

縄を耕す人物」として自覚したのである。

田場の生き方から見えるものは、正論と正義感、民族を超えた友愛である。「満州国」外交部での同僚で部下の台湾人の山本（李）永清は、田場は、正義派で人情に厚く、「英文学をよくし、民族間の平和は相互の理解」からと主張している。同じく部下の浦野匡彦は「田場は、中国関係に一つの見識を待ち、敵のない温厚な人物」と評価している。同じく同僚の吉村為男は「学者タイプの勉強家、満人官吏との信頼関係も厚く、交流も多かったと語っている（本書九六〜九七ページ）。

姪の国吉美恵子が語る、正義派で正論を好んだという田場についてのエピソードがある。田場が一年志願で兵役に就いた時、初年兵に加える「びんた教育」に「毎日毎日たたいても立派な兵士になれない」と、軍隊教育に抗議して直訴したという。正義感と正論を発揮した一面である。

本書の編著には、執筆者を初め浦添市字当山自治会、浦添市教育委員会、那覇市歴史博物館、沖縄タイムス社、琉球新報社、上海図書館、外務省外交資料館、ハワイ在住のアイリン金武、金城和子などにご協力を頂いた。感謝を申し上げます。

特に同時代社の創業者の川上徹代表には、発刊の意義を受け止めて頂きながら、完成を待たずに逝かれたことは、誠に忍びがたいものがあります。あらためてその多恩に感謝申し上げます。また後継者として就任された子息の川上（高井）隆代表には、こちらの遅筆を見放すことなく取りまとめていただき、心より感謝申し上げます。

なお本書の発刊を機会に、二〇一〇年三月二八日の「沖縄初の外交官　田場盛義顕彰碑」建立日の三月二八日を先駆者、田場盛義を記念する「田場・耕南の日」として、次世代の人材育成と沖縄と東アジアの善隣友好と平和史の発展を希求する、諸活動を関係者と共に展開して行きたいと思っている。

二〇一六年三月

編著者　又吉盛清

編者・執筆者
又吉盛清（沖縄大学客員教授）
国吉美恵子（田場盛義の姪）

執筆者
神山高成（浦添市当山自治会会長）
田中水絵（フリーライター・翻訳家）
日高清子（田場夫人貞子の妹）
奥原宗忠（田場夫人貞子の弟）
仲村　顕（県立芸術大学附属研究所共同研究員）

沖縄初の外交官
田場盛義の生涯とその時代

2016年3月28日　　初版第1刷発行
（田場・「耕南の日」設定記念の日に）

編集・執筆者　又吉盛清
　　　　　　　国吉美恵子
発行者　高井　隆
発行所　株式会社同時代社
〒101-0065　東京都千代田区西神田2-7-6
電話　03(3261)3149　FAX　03(3261)3237
組版／装幀　閏月社
印刷　中央精版印刷株式会社

ISBN978-4-88683-795-0